Rodrigo Azevedo Greco

Mestre em Filosofia e Teoria Geral do Direito
pela Faculdade de Direito da Universidade de São Paulo – USP.

DIREITO E ENTROPIA

2015

Copyright © 2015 Rodrigo Azevedo Greco

Todos os direitos reservados.

ISBN: 1517150183

ISBN-13: 978-1517150181

Dados Internacionais de Catalogação na Publicação (CIP)

G791d	Greco, Rodrigo Azevedo, 1973 - Direito e entropia. / Rodrigo Azevedo Greco. Fortaleza, 2015. 135 p. ISBN: 978-1517150181 Dissertação (Mestrado em Filosofia Teoria Geral Direito) – Universidade de São Paulo, 2008. Orientador: Tercio Sampaio Ferraz Junior. 1. Teoria dos sistemas. 2. Ordenamento jurídico. 3. Sistema judiciário. 4. Sociologia jurídica. 5. Filosofia do direito. 6. Teoria de Kelsen. 7. Kelsen, Hans, 1881-1973. 8. Hart, H.L.A., 1907-1992. 9. Súmula vinculante, Brasil. 10. Brasil. [Lei complementar n. 95, de 26 de fevereiro de 1998]. I. Ferraz Jr., Tercio Sampaio, 1941 - (Orientador). II. Universidade de São Paulo (USP). III. Título. CDU: 340.12

Nilcéia Lage de Medeiros
Bibliotecária
CRB6: 1545

À Niliane, meu grande amor,
e aos nossos filhos
Bianca e Bruno.

AGRADECIMENTOS

Este livro foi baseado na dissertação que apresentei em 2008 à Faculdade de Direito da Universidade de São Paulo para obter o título de Mestre em Filosofia e Teoria Geral do Direito.

Agradeço a todos os que de alguma forma contribuíram para que eu pudesse concluir o Mestrado, ajudando-me a vencer, um a um, os diversos obstáculos que surgiram ao longo daquela jornada.

Alguns agradecimentos, no entanto, precisam ser feitos nominalmente.

Primeiramente, a Deus, mais uma vez, por tudo.

Aos meus pais, Marco Aurelio e Sandra, por terem me incentivado a continuar os estudos após a graduação.

Ao Professor Doutor Tercio Sampaio Ferraz Junior, por ter aceitado ser meu orientador e, sobretudo, por ter iluminado o caminho, mostrando a direção a seguir.

Ao Professor Doutor Marcio Pugliesi, por ter aceitado ser meu coorientador e, principalmente, por ter me apresentado a Teoria Pura dos Sistemas.

Ao amigo Walter Rodrigues Filho, por ter permitido que eu viajasse semanalmente de Belo Horizonte a São Paulo, no ano de 2002, para concluir os créditos do mestrado.

À minha mãe, Sandra, por ter mantido acesa a chama da esperança na conclusão do Mestrado, mesmo nos momentos em que essa tarefa parecia ser impossível.

Ao amigo Celso Weidner Nunes, pela assessoria jurídica que se fez necessária, mais de uma vez, para que eu pudesse concluir o Mestrado.

À Professora Doutora Elza Antonia Pereira da Cunha Boiteux, pela paciência, compreensão e generosidade para com este seu aluno.

À Professora Doutora Elza Boiteux mais uma vez e ao Professor Doutor Luis Eduardo Schoueri, pelas preciosas críticas e sugestões feitas durante a banca de qualificação.

Ao amigo Emiliano Zapata de Miranda Leitão, pelos diversos livros emprestados.

E, por fim, ao amigo Juraci Mourão Lopes Filho, pelo incentivo à publicação deste livro.

SUMÁRIO

1   INTRODUÇÃO

Norberto Bobbio ensina que o estudo do Direito como "entidade unitária constituída pelo conjunto sistemático de todas as normas" é obra do positivismo, corrente jusfilosófica responsável pela elaboração da teoria do ordenamento jurídico[1].

Essa teoria surgiu do final do século XVIII para o começo do século XIX e tinha por objetivo dar unidade a um conjunto de normas jurídicas que, por se encontrarem de forma esparsa, além de gerarem incerteza, constituíam terreno fértil para o arbítrio[2].

Ocorre que, com o passar do tempo, esse ordenamento jurídico que deveria produzir certeza vem, de fato, ensejando incerteza. Com efeito, temos visto de forma cada vez mais frequente doutrinadores de renome criticarem não apenas a quantidade de normas que compõem o ordenamento jurídico[3],

---

[1] BOBBIO, N. **O positivismo jurídico**: Lições de Filosofia do Direito. São Paulo: Ícone, 1995, p. 197.

[2] "A teoria do ordenamento jurídico encontra sua mais coerente expressão no pensamento de Kelsen. Por isso podemos considerar este autor como o clímax do movimento juspositivista, depois do que começa sua decadência, isto é (sem metáfora), sua crise. Aliás, que a vocação fundamental (embora em tal hora inconsciente) e o ponto de chegada do positivismo jurídico devessem ser essa teoria se compreende perfeitamente se considerarmos sua origem; ela surge, entre o fim do século XVIII e o início do século XIX, da exigência de dar unidade a um conjunto de normas jurídicas fragmentárias, que constituíam um risco permanente de incerteza e arbítrio (pode-se recordar, por exemplo, que o movimento francês pela codificação reclamava um direito simples, completo e unitário – ver §§ 17 e 18 -, e que Bentham colocava entre os requisitos fundamentais da codificação a completitude – ver §24)" (idem, p. 198)

[3] "[...]Tal fenômeno já vem sendo considerado, desde o decênio passado, como 'inflação legislativa' ou mesmo 'esquizofrenia legislativa'. Entram em vigor, 'na mesma data de sua publicação', umas atropelando outras, carentes de técnica, edificando uma algazarra normativa. Tal realidade

mas, sobretudo, a falta de tecnicidade na sua elaboração, fatores estes apontados como causa da atual insegurança jurídica[4].

Acreditamos que a insegurança jurídica tem origem em diversas causas. O objetivo deste livro é verificar em que medida as alterações na estrutura de um sistema jurídico afetam sua capacidade de prover segurança jurídica às pessoas. Assim, o nosso foco será a insegurança jurídica de origem estrutural.

---

ganha contornos ainda mais dramáticos quando somados aos das legislações estaduais e municipais. Ou seja: existe, no Brasil, cerca de meio milhão de leis, um dos maiores índices do mundo. Com efeito, o que se verifica no hodierno ordenamento normativo brasileiro é uma tumultuada 'Torre de Babel Jurídica' – fruto da ação inconseqüente de alguns parlamentares que confundem o exercício de um bom mandato à disseminação injustificada de leis, muitas, inúteis" (VASQUES, Leandro. **Inflação legislativa.** Disponível em <http://leandrovasques.com.br/artigosid.asp?id=98>)

[4] "9. A primeira causa da insegurança jurídica é certamente o relativo caos legislativo no qual vivemos, caracterizando-se tanto pelo excesso de leis, como pela falta de coerência do sistema e, algumas vezes, até pela falta de racionalidade de alguns dos textos legais. 10. Ora, a insegurança jurídica não se coaduna nem com o Estado de Direito nem com o desenvolvimento nacional. Ao contrário, a incerteza quanto ao direito vigente representa uma incontestável causa do chamado 'custo Brasil', risco interno e internacional que onera o país e, conseqüentemente, todos os brasileiros. 11. Já se disse que a inflação legislativa é tão perniciosa quanto a inflação monetária e podemos afirmar que, no Brasil, tivemos até uma inflação de inconstitucionalidades, ao verificar que foram cerca de 2000 as ADINs propostas perante o Supremo Tribunal Federal. 12. O verdadeiro caos legislativo, no qual vivemos, é fato notório e público, que não mais necessita de provas, mas a menção de alguns depoimentos são interessantes. Assim, o Banco Mundial, no seu Relatório, se refere à incerteza jurídica existente no Brasil em virtude do 'emaranhado de leis'; que tratam de determinadas matérias" (WALD, Arnold. A Estabilidade do Direito e o Custo Brasil. **Revista Jurídica Virtual**, Brasília, n. 6, outubro/novembro 1999. Disponível em <http://www.planalto.gov.br/ccivil_03/revista/Rev_06/Estabilidade_direito.htm>)

Como veremos adiante, a segurança jurídica é uma finalidade comum a todo sistema jurídico. Dessa forma, procuraremos estabelecer uma relação de causa e efeito entre a estrutura do sistema jurídico e uma de suas finalidades.

O estabelecimento dessa relação – entre estrutura e segurança jurídica – é possível, pois, como anota Goffredo Telles Júnior, toda estrutura é resultado de um trabalho de ordenação dos elementos que compõem o sistema, os quais são dispostos de forma a que o sistema alcance determinados fins[5].

No segundo capítulo, veremos o tratamento sistêmico recebido pelo ordenamento jurídico desde meados do século XX, expondo a esse respeito a visão clássica de Bobbio.

Essa óptica é apenas estrutural, sendo, portanto, insuficiente para a criação de um modelo que permita relacionar a estrutura do sistema jurídico com a segurança jurídica por ele ensejada.

Assim, para atingirmos o objetivo a que nos propomos, precisaremos utilizar um modelo que combine os aspectos internos (estruturais) e externos (funcionais) de um sistema.

No terceiro capítulo, proporemos uma modelização sistêmica do ordenamento jurídico com base no método de Le Moigne. Uma vantagem da modelização de Le Moigne, além de permitir a reunião em um só modelo dos aspectos internos e externos do sistema jurídico, é que ela permite uma análise da estrutura do sistema jurídico sob um ponto de vista dinâmico.

---

[5] "E não pode haver ordem sem determinação do *fim* em razão do qual uma disposição conveniente é dada a seres múltiplos, e por força da qual tais seres passam a constituir uma *unidade*. A *disposição conveniente*, que é a disposição de seres múltiplos em razão de um *fim prefixado*, relaciona seres distintos, conjuga-os de maneira que cada um, de acordo com sua natureza ou destinação, ocupe, dentro do conjunto, seu lugar próprio, passando a ser *parte* de um *todo*, elemento de uma unidade" (TELLES JUNIOR, G. **Iniciação na Ciência do Direito**. 2. ed., São Paulo: Saraiva, 2002, p. 4)

Assim, poderemos verificar não apenas a tendência entrópica do sistema no que diz respeito à formação de sua estrutura, mas, também, de que forma as atividades desempenhadas pelo legislador e pelo juiz podem contribuir para a formação de um determinado tipo de estrutura.

No quarto capítulo, com base no modelo proposto no capítulo anterior, veremos as causas estruturais da insegurança jurídica. Nosso ponto de partida será a pirâmide kelseniana, pois este é o modelo que representa o grau máximo de segurança jurídica.

Com suporte nesse modelo, veremos como o legislador e o juiz podem desempenhar determinadas atividades que alteram a estrutura do sistema jurídico, fazendo com que ela se distancie da pirâmide kelseniana. Veremos que essas atividades, na medida em que aumentam a complexidade do sistema jurídico, contribuem para o acréscimo da insegurança jurídica.

No quinto capítulo, veremos algumas medidas que, em tese, podem ser adotadas para diminuir a complexidade do sistema jurídico e, consequentemente, a insegurança jurídica de origem estrutural. Veremos que essas medidas têm em comum o fato de limitarem o exercício dos Poderes Legislativo e Judiciário, de forma a que o legislador e o juiz não possam, por meio do desempenho de suas respectivas atividades, infirmar a hierarquia e a linearidade características do modelo kelseniano.

Por fim, no sexto capítulo, analisaremos duas medidas específicas adotadas no Brasil com o objetivo de reduzir a insegurança produzida pelo sistema jurídico pátrio: a Lei Complementar nº 95/1998 e a Súmula Vinculante, esta criada por meio da Emenda Constitucional nº 45/2004. Procuraremos verificar quais as causas da insegurança que cada uma dessas medidas procurou atacar, bem como a eficácia de cada uma delas.

É importante destacar, desde já, a noção de que a análise desenvolvida ao longo deste volume estará limitada à insegurança jurídica causada por alterações na estrutura do ordenamento jurídico estatal, decorrentes das atividades desempenhadas pelo legislador e pelo juiz.

Nesse sentido, não ignorarmos que existem outras fontes de insegurança jurídica, além das que serão abordadas neste livro, dentre as quais podemos citar as relações entre o ordenamento jurídico estatal e outros sistemas normativos nacionais e internacionais.

Entendemos, contudo, que o exame de todas as causas da insegurança jurídica extrapolaria os limites de uma dissertação de mestrado, texto que originou este livro, razão pela qual preferimos focar em uma parcela dessas causas.

2 A VISÃO CLÁSSICA DO SISTEMA JURÍDICO

2.1 As limitações do método cartesiano

Em 1637, René Descartes, no *Discurso do método*, propôs um método de análise, que consistia, em suma, na repartição do objeto de análise em um número finito de parcelas, até o ponto em que não fosse mais possível reparti-las, ou, então, até onde uma nova repartição não aumentasse o grau de conhecimento sobre uma determinada parcela, para, em seguida, se reconstituir o objeto de análise, ordenando-se o pensamento com base nas parcelas mais simples e fáceis de conhecer e elevando-o até o conhecimento do objeto total, sem nada omitir[6].

---

[6] "[...] E como a multiplicidade de leis frequentemente fornece escusas aos vícios, de sorte que um Estado é bem melhor regulado quando, ainda que poucas, são estritamente observadas; assim, em vez desse grande número de preceitos de que se compõe a lógica, julguei que os quatro seguintes seriam suficientes, contanto que eu tomasse a firme e constante resolução de não falhar nem uma única vez em observá-lo. O primeiro era o de jamais aceitar alguma coisa como verdadeira que eu não reconhecesse evidentemente como tal; isto é, o de evitar cuidadosamente a precipitação e a prevenção; e de compreender em meus juízos somente aquilo que se apresentasse de maneira tão clara e distinta ao meu espírito que eu não tivesse nenhuma ocasião de pô-lo em dúvida. O segundo, o de dividir cada uma das dificuldades que eu examinasse em tantas pequenas partes quanto fosse possível e necessário para melhor resolvê-las. O terceiro, o de conduzir meus pensamentos com ordem, começando pelos objetos mais simples e mais fáceis de conhecer; para pouco a pouco me elevar; como por degraus, até o conhecimento dos mais complexos; e supondo mesmo uma ordem, entre aqueles que não se precedem naturalmente uns aos outros. E o último, o de fazer em toda a parte enumerações tão completas e revisões tão gerais, que me sentisse seguro de nada omitir. Esses longos encadeamentos de razões simples e fáceis, que os geômetras têm o hábito de utilizar para chegar a suas mais difíceis demonstrações, tinham-me dado a oportunidade

Como sugere Le Moigne, o método proposto por Descartes "há muito tempo deixou de constituir para nós *um acontecimento* intelectual, de tal modo está implícito, implicado nos costumes e na cultura ocidentais, *como uma regra de vida intelectual dogmática e pacífica*"[7].

Apesar de o método cartesiano ter permitido enormes avanços científicos, ele não pode, como alerta Bertalanffy, ser aplicado a todo e qualquer objeto de análise, pois pressupõe a existência de duas condições: a primeira é que as interações das partes, ou não existam, ou sejam suficientemente fracas para serem desprezadas, e a segunda é que as relações que descrevem o comportamento das partes sejam lineares[8].

Para suprir as limitações do método cartesiano, Bertalanffy propôs um método, que difere daquele, na medida em que trata os objetos da análise como totalidades, buscando compreendê-los em suas relações com o meio em que estão

---

de imaginar que todas as coisas que possam cair no conhecimento dos homens se sucedem da mesma maneira, e que, contanto que nos abstenhamos de tomar alguma por verdadeira quando não o é, e que mantenhamos sempre a ordem necessária, a fim de deduzi-las umas das outras, não pode haver tão longínquas às quais não se possa chegar enfim, nem tão escondidas que não se consiga descobrir". (DESCARTES, R. **Discurso do Método**: para bem conduzir a própria razão e procurar a verdade nas ciências. São Paulo: Paulus, 2002, pp. 89-90).

[7] LE MOIGNE, J-L. **A Teoria do Sistema Geral**. Teoria da Modelização. 3. ed., Lisboa: Instituto Piaget, 1990, p. 39.

[8] "A aplicação do procedimento analítico depende de duas condições. A primeira é que as interações entre as 'partes' ou não existam ou sejam suficientemente fracas para poderem ser desprezadas nas finalidades de certo tipo de pesquisa. Só com esta condição as partes podem ser 'esgotadas' real, lógica e matematicamente, sendo em seguida 'reunidas'. A segunda condição é que as relações que descrevem o comportamento das partes sejam lineares, pois só então é dada a condição de aditividade, isto é, uma equação que descreve o comportamento do todo é da mesma forma que as equações que descrevem o comportamento das partes" (BERTALANFFY, L. von. **Teoria Geral dos Sistemas**. 3. ed., Petrópolis: Vozes, 1977, pp. 37-38).

inseridos, sem pretender fracioná-los. Esse novo método de análise ficou conhecido como "método sistêmico".

A moderna teoria dos sistemas é calcada em quatro novos preceitos, que visam a substituir os quatro antigos sobre os quais está fundado o método cartesiano. São eles: a pertinência, o globalismo, o teleologismo e a agregatividade[9].

A observância desses quatro preceitos faz com que os objetos de análise sejam compreendidos como totalidades não fracionáveis, em constante relação com o meio nos quais estão inseridos[10].

---

[9] "O preceito da pertinência: Reconhecer que todo o objecto que considerarmos se define por relação às intenções implícitas ou explícitas do modelizador. Nunca se coibir pôr em dúvida esta definição se, modificando-se as nossas intenções, a percepção que tínhamos desse objecto se alterar. O preceito do globalismo: Considerar sempre o objecto a conhecer pela nossa inteligência como uma parte imersa e activa no seio de um todo maior. Percebê-lo à partida globalmente, na sua relação funcional como o seu ambiente sem se preocupar excessivamente em estabelecer uma imagem fiel da sua estrutura interna, cuja existência e unicidade nunca serão consideradas como adquiridas. O preceito teleológico: interpretar o objecto não em si mesmo, mas pelo seu comportamento, sem procurar explicar a priori esse comportamento por alguma lei implicada numa eventual estrutura. Compreender em contrapartida esse comportamento e os recursos que ele mobiliza em relação aos projectos que, livremente, o modelizador atribui ao objecto. Considerar a identificação desses projectos hipotéticos como um acto racional de inteligência e aceitar que a sua demonstração será muito raramente possível. O preceito da agregatividade: Reconhecer que toda a representação é partidária, não por esquecimento do modelizador, mas deliberadamente. Procurar em consequência algumas receitas susceptíveis de orientar a selecção de agregados tidos por pertinentes e excluir a objectividade ilusória de um recenseamento exaustivo dos elementos a considerar". (LE MOIGNE, J-L. op.cit., p. 56).
[10] "En otros términos, comprendemos el fenómeno directamente, inmediatamente, gracias a la percepción de las totalidades antes que a la de las partes. Estas totalidades, que funcionan por el efecto de la interdependencia que une a las partes componentes de aquéllas, pueden ser llamadas, convencionalmente, 'sistemas', y a los métodos destinados a descubrir las modalidades de esos procesos puede llamárseles 'teoría

2.2   A Teoria Geral dos Sistemas

A palavra "sistema" vem do grego *synhistanai*, que significa "colocar junto". Malgrado o fato de a palavra "sistema" ter se disseminado desde o início do século XIX, foi Ludwig von Bertalanffy, biólogo austríaco, quem cunhou, no século XX, a expressão "Teoria Geral dos Sistemas", propondo fosse esta objeto de uma nova disciplina, razão pela qual é considerado o seu fundador. Segundo Bertalanffy, isso seria possível porque há princípios e leis aplicáveis a todos os tipos de sistemas, independentemente dos elementos que os compõem e/ou de sua estrutura[11].

Assim, a Teoria Geral dos Sistemas tem "por finalidade enunciar princípios que se aplicam aos sistemas em geral ou a subclasses definidas (por exemplo, sistemas fechados e abertos), fornecer técnicas para sua investigação e descrição e aplicar estas técnicas aos casos concretos"[12].

2.3   O conceito clássico de sistema e suas características

Bertalanffy define um sistema como "um complexo de elementos em interação. A interação significa que os elementos p estão em relações R, de modo que o

---

general de los sistemas". (LUGAN, J-C. **Elementos para el análisis de los sistemas sociales**. México: Fondo de Cultura Económica, 1995, p. 47).

[11] "Assim, existem modelos, princípios e leis que se aplicam a sistemas generalizados ou suas subclasses, qualquer que seja seu tipo particular, a natureza dos elementos que os compõem e as relações ou 'forças' que atuam entre eles. Parece legítimo exigir-se uma teoria não dos sistemas de um tipo mais ou menos especial mas de princípios universais aplicáveis aos sistemas em geral. Deste modo, postulamos uma nova disciplina chamada *Teoria Geral dos Sistemas*. Seu conteúdo é a formulação e derivação dos princípios válidos para os 'sistemas' em geral". (BERTALANFFY, L. von. op.cit., p. 55).

[12] Idem, pp. 38 e 39.

comportamento de um elemento p em R é diferente de seu comportamento em outra relação R ""[13].

No mesmo sentido, Lugan diz que o sistema é "un conjunto de elementos interdependientes, es decir ligados entre sí por relaciones tales que, si se modifica una de éstas, las otras lo serán también y, en consecuencia, se transformará todo el conjunto"[14].

Canaris, depois de colacionar as definições de sistema de oito autores[15], assinala que duas características são comuns a

---

[13] Idem, ibidem, p. 84.

[14] LUGAN, J-C. op.cit., p. 43.

[15] "Sobre o conceito geral de sistema deveria dominar – com múltiplas divergências em aspectos específicos – no fundamental, uma concordância extensa: é ainda determinante a definição clássica de KANT, que caracterizou o sistema como «a unidade, sob uma ideia, de conhecimentos variados» ou, também como «um conjunto de conhecimentos ordenado segundo princípios». De modo semelhante, por exemplo, no «Dicionário dos conceitos filosóficos» de EISLER, define-se sistema: «1. Objectivo: um conjunto global de coisas, processos ou partes, no qual o significado de cada parcela é determinado pelo conjunto supra-ordenado e supra-somativo [...] 2. Lógico: uma multiplicidade de conhecimentos, unificada e prosseguida através de um princípio, para um conhecimento conjunto ou para uma estrutura explicativa agrupada em si e unificada em termos interiores lógicos, como o correspondente, o mais possível fiel, de um sistema real de coisas, isto é, de um conjunto de relações das coisas entre si, que nós procuramos, no processo científico, 'reconstruir' de modo aproximativo». As definições que se encontram na literatura jurídica correspondem-lhe, também, largamente. Assim, por exemplo, segundo SAVIGNY, o sistema é a «concatenação interior que liga todos os institutos jurídicos e as regras de Direito numa grande unidade», segundo STAMMLER «uma unidade totalmente coordenada», segundo BINDER, «um conjunto de conceitos jurídicos ordenado segundo pontos de vista unitários», segundo HEGLER, «a representação de um âmbito do saber numa estrutura significativa que se apresenta a si própria como ordenação unitária e concatenada», segundo STOLL um «conjunto unitário ordenado» e segundo COING uma «ordenação de conhecimentos segundo um ponto de vista unitário»". (CANARIS, C-W. **Pensamento sistemático e conceito de sistema na Ciência do Direito**. 3. ed., Lisboa: Fundação Calouste Gulbenkian, 2002, pp. 9-11).

elas: a unidade e a ordenação[16], destacando, ainda, a ideia de que algumas dessas definições fazem referência à plenitude[17].

Não sem razão, essas características apontadas por Canaris são as mesmas elencadas por Bobbio para justificar a sistematicidade do ordenamento jurídico: a unidade, a coerência e a completude[18].

2.4 As três características do sistema jurídico

Como destaca Bobbio, na seara jurídica, é corrente a ideia de que o ordenamento jurídico é um sistema, sendo comum o uso da expressão "sistema normativo" para fazer referência ao "ordenamento jurídico"[19].

Com efeito, somente no texto da Constituição da República Federativa de 1988, podemos verificar que a palavra "sistema" foi utilizada cerca de trinta vezes. Para ilustrar, destacamos os artigos da Carta Magna ora vigente que

---

[16] "Há duas características que emergiram em todas as definições: a da *ordenação* e a da *unidade*; elas estão, uma para com a outra, na mais estreita relação de intercâmbio, mas são, no fundo de separar". (Idem, p. 12).

[17] "Por vezes, aparece ainda referida a característica da plenitude; [...] O elemento da «plenitude» poderia, contudo, não ser essencial ao conceito geral de sistema, mas reportar-se a uma sua delimitação determinada". (IDEM, IBIDEM, p. 12, nota de rodapé nº 12).

[18] "A teoria do ordenamento jurídico se baseia em três caracteres fundamentais a ela atribuídos: a *unidade*, a *coerência* e a *completude*; são estas três características que fazem com que o direito no seu conjunto seja um ordenamento e, portanto, uma entidade nova, distinta das normas singulares que o constituem". (BOBBIO, op.cit., 1995, p. 198).

[19] "Na linguagem jurídica corrente o uso do termo 'sistema' para indicar o ordenamento jurídico é comum. Nós mesmos, nos capítulos anteriores, usamos às vezes a expressão 'sistema normativo' em vez de 'ordenamento jurídico', que é mais freqüentemente usada". (BOBBIO, N. **Teoria do ordenamento jurídico**. Brasília: Editora Universidade de Brasília 1999, p. 75).

dispõem sobre o "Sistema de Ensino"[20], o "Sistema Único de Saúde"[21], o "Sistema Tributário Nacional"[22] e o "Sistema Financeiro Nacional"[23].

Vejamos como cada uma dessas três características reunidas por Bobbio se manifestam no ordenamento jurídico.

---

[20] "Art. 211. A União, os Estados, o Distrito Federal e os Municípios organizarão em regime de colaboração seus sistemas de ensino. §1º A União organizará o sistema federal de ensino e o dos Territórios, financiará as instituições de ensino públicas federais e exercerá, em matéria educacional, função redistributiva e supletiva, de forma a garantir equalização de oportunidades educacionais e padrão mínimo de qualidade do ensino mediante assistência técnica e financeira aos Estados, ao Distrito Federal e aos Municípios; [...]§ 4º Na organização de seus sistemas de ensino, a União, os Estados, o Distrito Federal e os Municípios definirão formas de colaboração, de modo a assegurar a universalização do ensino obrigatório. [...]". (**Constituição da República Federativa do Brasil de 1988**. Disponível em <http://www.planalto.gov.br/ccivil_03/Constituicao/Constituicao.htm>, artigo 211).

[21] "Art. 198. As ações e serviços públicos de saúde integram uma rede regionalizada e hierarquizada e constituem um sistema único, organizado de acordo com as seguintes diretrizes: [...] §1º O sistema único de saúde será financiado, nos termos do art. 195, com recursos do orçamento da seguridade social, da União, dos Estados, do Distrito Federal e dos Municípios, além de outras fontes. [...] §4º Os gestores locais do sistema único de saúde poderão admitir agentes comunitários de saúde e agentes de combate às endemias por meio de processo seletivo público, de acordo com a natureza e complexidade de suas atribuições e requisitos específicos para sua atuação. [...]". (IDEM, artigo 198).

[22] Na Constituição Federal de 1988, o Capítulo I, do Titulo VI, é denominado: "Do Sistema Tributário Nacional" e compreende os artigos 145 a 162.

[23] "Art. 192. O sistema financeiro nacional, estruturado de forma a promover o desenvolvimento equilibrado do País e a servir aos interesses da coletividade, em todas as partes que o compõem, abrangendo as cooperativas de crédito, será regulado por leis complementares que disporão, inclusive, sobre a participação do capital estrangeiro nas instituições que o integram". (**CONSTITUIÇÃO FEDERAL DE 1988**, op.cit., artigo 192).

2.4.1   A unidade

A afirmação de que o ordenamento jurídico constitui unidade pressupõe a possibilidade de diferenciarmos os elementos que o compõem dos demais que reúnem outros objetos que não o ordenamento jurídico.

Assim, só será possível acentuar que o ordenamento jurídico compõe uma unidade, quando pudermos identificar uma característica que permita reunir os elementos que o perfazem, diferenciando-os dos que não fazem parte do ordenamento jurídico.

Essa característica a que nos referimos permitirá estabelecer uma relação de pertinência com o ordenamento jurídico, de tal forma que, dado um objeto qualquer, poderemos expressar com certeza se ele pertence ou não ao ordenamento jurídico, com base na existência ou não de tal característica. Assim, é preciso que exista um critério que permita distinguir dos demais os elementos componentes do ordenamento jurídico.

Para Kelsen, esse critério é formal e não material, pois, para referido autor, existem dois tipos de sistemas normativos: os estáticos e os dinâmicos[24]. Para verificarmos se uma norma pertence ou não a um sistema normativo estático, precisamos analisar o seu conteúdo.

Isso porque, como ensina Kelsen, um sistema normativo estático é composto por normas cujo conteúdo é derivado, dedutivamente, de um só conteúdo ou princípio geral. Assim, são válidas e, portanto, pertencentes a um sistema normativo estático as normas cujo teor possa ser derivado dedutivamente do conteúdo ou princípio geral que informa essa espécie de

---

[24] "Segundo a natureza do fundamento de validade, podemos distinguir dois tipos diferentes de sistemas de normas: um tipo estático e um tipo dinâmico". (KELSEN, H. **A Teoria Pura do Direito**. 6. ed., Coimbra: Armênio Amado, 1984, pp. 269-270).

sistema normativo[25]. Um exemplo de sistema normativo estático é a Moral.

Por outro lado, os sistemas normativos dinâmicos são compostos por normas que têm em comum o mesmo fundamento último de validade, que Kelsen denomina de norma fundamental. Assim, pertencem a um mesmo sistema normativo dinâmico todas as normas que tenham seu fundamento último de validade na mesma norma fundamental.

A premissa adotada por Kelsen é a de que o fundamento de validade de uma norma só pode ser outra norma, já que o fundamento de validade de um dever-ser só pode ser outro dever-ser e não um ser.

Como é sabido, dois são os problemas da norma fundamental. O primeiro reside no fato de que, como o próprio Kelsen ensina, a norma fundamental não é uma norma posta e, sim, pressuposta sob uma determinada condição.

A condição para que se possa pressupor a existência da norma fundamental é a de que o ordenamento jurídico seja, em sua grande parte e na maioria das vezes, observado pela população[26], fazendo com que, ao fim, a validade do ordenamento dependa de sua eficácia geral, o que contraria a premissa por ele utilizada de que o fundamento de validade de uma norma é outra norma, já que, nesses termos, a validade da norma fundamental residiria em um fato: a eficácia geral do ordenamento.

---

[25] "As normas de um ordenamento do primeiro tipo, quer dizer, a conduta dos indivíduos por elas determinada, é considerada como devida (devendo ser) por força do seu conteúdo: porque a sua validade pode ser reconduzida a uma norma a cujo conteúdo pode ser subsumido o conteúdo das normas que foram o ordenamento, como o particular ao geral". (IDEM, p. 270).
[26] "A norma fundamental refere-se apenas a uma Constituição que é efectivamente estabelecida por um acto legislativo ou pelo costume e que é eficaz. Uma Constituição é eficaz se as normas postas em conformidade com ela são, globalmente e em regra, aplicadas e observadas". (IDEM, p. 291).

O segundo problema da norma fundamental é o de que, se admitirmos que o fundamento de validade de uma norma só pode ser outra norma, poder-se-ia, então, indagar qual o fundamento de validade da norma fundamental.

Se não admitirmos como resposta a essa pergunta a eficácia geral do ordenamento (pelas razões expostas no parágrafo anterior), teríamos de aceitar que o fundamento de validade da norma fundamental estaria, necessariamente, em outra norma, cujo fundamento de validade também poderia ser questionado, e assim por diante, indefinidamente.

Além desses problemas relacionados à norma fundamental, outro inserido no pensamento kelseniano está no fato de que, por ser dinâmico, o sistema normativo comportaria, em tese, qualquer conteúdo. Kelsen não nega a noção de que, nos sistemas jurídicos reais, o conteúdo das normas jurídicas é condicionado, em certa medida, pelas trocas de informação realizadas pelo sistema jurídico com os demais subsistemas sociais.

Para ele, entretanto, as razões pelas quais uma determinada norma, de um sistema jurídico qualquer, tem esse ou aquele conteúdo, não são jurídicas, no sentido de serem questões a serem respondidas pela Ciência Jurídica. Para ele, essas razões são políticas, sociológicas, psicológicas, mas não jurídicas.

Ao admitir que a validade de uma norma não depende de ela estar materialmente de acordo com qualquer princípio ou conteúdo, Kelsen admite que qualquer conteúdo pode ser objeto de uma norma jurídica, já que a validade desta depende apenas de um critério formal.

Por sua vez, Hart entende que a pertinência ou não de uma norma a um ordenamento jurídico depende da aplicação de um conjunto de outras normas (para ele secundárias) de reconhecimento, mediante as quais é possível determinar se uma norma de obrigação qualquer (para ele primária) é ou não jurídica[27]. Na maioria dos casos, essas normas de reconhecimento não são enunciadas. Sua existência pode ser constatada desde o modo como as normas de obrigação são identificadas pelo Poder Público e pelos particulares[28].

Hart distingue a validade das normas de obrigação das de reconhecimento. Para ele, as normas de obrigação são válidas e, portanto, pertencem ao ordenamento jurídico, quando sua existência é verificada pelas normas de reconhecimento[29]. Por outro lado, a validade das normas de reconhecimento não pode ser aferida por via de sua aplicação recursiva, pois, segundo esse autor, as normas de reconhecimento não estão sujeitas ao critério de validade[30].

---

[27] "A forma mais simples de remédio para a *incerteza* do regime das regras primárias é a introdução daquilo a que chamaremos uma «regra de reconhecimento». Esta especificará algum aspecto ou aspectos cuja existência numa dada regra é tomada como uma indicação afirmativa e concludente de que é uma regra do grupo que deve ser apoiada pela pressão social que ele exerce. [...] Este não é em si o passo crucial, embora seja muito importante: o que é crucial é o reconhecimento da referência ao escrito ou à inscrição *enquanto dotados de autoridade*, isto é, como o modo *adequado* à eliminação das dúvidas acerca da existência da regra. Onde exista tal reconhecimento, existe uma forma muito simples de regra secundária: uma regra para a identificação concludente das regras primárias de obrigação". (HART, H. L. A. **O conceito de Direito**. 3. ed. Lisboa: Fundação Calouste Gulbenkian, 2001, p. 104).

[28] "Na maior parte dos casos a regra de reconhecimento não é enunciada, mas a sua existência *manifesta-se* no modo como as regras concretas são identificadas, tanto pelos tribunais ou outros funcionários, como pelos particulares ou seus consultores". (IDEM, p. 113).

[29] "Estas verdades, porém, só podem ser claramente apresentadas, e a sua importância correctamente avaliada, nos termos de uma situação social mais complexa, em que uma regra secundária de reconhecimento seja aceite e utilizada para a identificação das regras primárias". (IDEM, IBIDEM, p. 111).

[30] "Só necessitamos da palavra «validade» e só a usamos comummente para responder a questões que se colocam *dentro* de um sistema de regras onde o estatuto de uma regra como elemento do sistema depende de que ela satisfaça certos critérios facultados pela regra de reconhecimento. Uma tal questão não pode ser posta quanto à validade da própria regra de

Isso porque, ou elas são aceitas por via de uma prática complexa e constante dos tribunais, dos funcionários públicos, dos particulares e de seus consultores e, nesse caso, elas existem, ou não são aceitas na prática e, neste caso, não existem. Como Hart ensina, "a sua existência é uma questão de facto"[31].

O problema dessa proposta é, de certa forma, o mesmo da norma fundamental, pois, na medida em que o fundamento de validade das normas de obrigação reside nas normas de reconhecimento e o destas em uma questão de fato, a validade das normas de obrigação dependeria da eficácia das normas de reconhecimento, e, portanto, o Direito dependeria, em última análise, de um fato.

2.4.2 A coerência

Como leciona Bobbio, as normas de um ordenamento jurídico não constituem uma unidade qualquer, mas, sim, uma totalidade ordenada, pois entre elas existem relações de coerência, fazendo com que o ordenamento jurídico como um todo possa ser compreendido não apenas como um conjunto de normas jurídicas, mas como um conjunto *ordenado* de normas jurídicas, compondo, assim, um sistema[32].

Em um sistema normativo estático, a coerência entre as normas que o compõem se dá pelo fato de que o conteúdo de

---

reconhecimento que faculta os critérios; esta não pode ser válida ou inválida, mas é simplesmente aceite como apropriada para tal utilização". (IDEM, IBIDEM, p. 120).

[31] Idem, ibidem, p. 121.

[32] "O próximo problema que se nos apresenta é se um ordenamento jurídico, além de uma unidade, constitui também um *sistema*. Entendemos por 'sistema' uma *totalidade ordenada*, um conjunto de entes entre os quais existe uma certa ordem". (BOBBIO, N., op.cit., 1999, p. 71).

todas as normas deriva, dedutivamente, do mesmo princípio[33]. Dessa maneira, as normas de um sistema estático são coerentes umas com as outras, na medida em que seus conteúdos são coerentes com o princípio do qual todas derivam.

Uma norma cujo conteúdo não seja coerente com o princípio desse sistema estático não será coerente com as demais normas que o compõem e, nesse caso, ou deverá ser retirada do sistema, para que ele mantenha sua coerência, ou todo o sistema ruirá, pois um sistema dedutivo, como o normativo estático, não admite incoerências[34].

Por outro lado, em um sistema normativo dinâmico, as normas jurídicas não são derivadas umas das outras pelo seu conteúdo, mas, sim, por meio de delegações sucessivas e parciais do poder normativo[35]. Uma norma inferior é coerente com a que lhe é superior na medida em que é produzida pela autoridade que recebeu, da norma superior, competência para editar a norma inferior, independentemente de seu conteúdo.

Nesse caso, é possível que existam normas cujos conteúdos sejam incompatíveis. Apesar de poderem ser ambas válidas sob o aspecto estritamente formal, o ordenamento jurídico somente poderá ser considerado um sistema, ou seja, uma totalidade ordenada, se tais incompatibilidades forem eliminadas.

---

[33] "Sistema estático é aquele no qual as normas estão relacionadas umas às outras como as proposições de um sistema dedutivo, ou seja, pelo fato de que derivam umas das outras partindo de uma ou mais normas originárias de caráter geral, que têm a mesma função dos postulados ou axiomas num sistema científico". (IDEM, pp.71-72).

[34] "Num sistema dedutivo, se aparecer uma contradição, todo o sistema ruirá". (IDEM, IBIDEM, p. 80).

[35] "Sistema dinâmico, por outro lado, é aquele no qual as normas que o compõem derivam umas das outras através de sucessivas delegações de poder, isto é, não através do seu conteúdo, mas através da *autoridade* que as colocou; uma autoridade inferior deriva de uma autoridade superior, até que chega à autoridade suprema que não tem nenhuma outra acima de si.". (IDEM, IBIDEM, p. 72).

Isso não significa que a validade de uma norma jurídica depende do fato de seu conteúdo ser compatível com os das demais normas do ordenamento jurídico, já que "a coerência não é condição de validade, mas é sempre condição para a *justiça* do ordenamento"[36].

2.4.3 A completude

A terceira característica dos ordenamentos jurídicos a fazer com que eles sejam considerados sistemas é a sua completude. Esta consiste na propriedade do ordenamento jurídico que permite a um juiz decidir qualquer caso a ele submetido valendo-se de uma norma do próprio ordenamento jurídico[37].

Enquanto a coerência do ordenamento jurídico faz com que este não possa conter duas normas contraditórias, a completude impede que ele deixe de possuir, ao mesmo tempo, uma norma que proíbe determinada conduta e outra que a permite. Dessa forma, se um ordenamento jurídico não contiver uma norma que consinta, nem outra que proíba uma determinada conduta, ele será considerado incompleto[38].

Para Bobbio, ao contrário da coerência, que é apenas uma exigência, a completude é uma necessidade do ordenamento jurídico. Isso significa que, se, por um lado, o

---

[36] Idem, ibidem, p. 113.
[37] "Por 'completude' entende-se a propriedade pela qual um ordenamento jurídico tem uma norma para regular qualquer caso. [...] Em outras palavras, um ordenamento é completo quando o juiz pode encontrar nele uma norma para regular qualquer caso que se lhe apresente, ou melhor, não há caso que não possa ser regulado com uma norma tirada do sistema". (IDEM, IBIDEM, p. 115).
[38] "[...] Diremos 'incoerente' um sistema no qual existem tanto a norma que proíbe um certo comportamento quanto aquela que o permite; 'incompleto', um sistema no qual não existem nem a norma que proíbe um certo comportamento nem aquela que o permite". (IDEM, IBIDEM, p. 116).

ordenamento jurídico admite a existência de normas contraditórias, este assente na existência de lacunas.

2.5 A insuficiência do modelo clássico

Essa concepção clássica do sistema jurídico, que teve seu expoente na Teoria Pura do Direito, de Kelsen, segundo a qual o ordenamento jurídico é um conjunto unitário, coerente e completo de normas jurídicas dispostas hierarquicamente sob a forma de uma pirâmide, não é a única possível. Isso porque, não podemos nos esquecer de que as diversas teorias acerca do Direito são produto dos contextos históricos nos quais foram elaboradas.

Como ensina Losano, "a concepção kelseniana da estrutura hierárquica do direito foi pensada para o Estado nacional do século XIX e da primeira metade do século XX"[39], portanto, para um Estado nacional e soberano, cuja economia era, essencialmente, industrial.

Procurando delimitar um objeto próprio da Ciência do Direito, Kelsen defendeu a tese de que a esta cabe tão-somente a análise dos aspectos estruturais (e, portanto, internos) do Direito, sendo tarefa dos sociólogos e cientistas políticos a análise de seus aspectos funcionais (externos) e de suas relações com os demais subsistemas do sistema social.

Como é sabido, na Teoria Pura do Direito, Kelsen "fecha" o sistema jurídico com a norma fundamental, delimitando assim o objeto da Ciência do Direito. A norma fundamental passa, então, a ser o elo entre o sistema jurídico e o seu exterior.

---

[39] LOSANO, M. G. Modelos teóricos inclusive na prática: da pirâmide à rede. Novos paradigmas nas relações entre direitos nacionais e normativas supra-estatais. **Revista do IASP**, ano 8, n. 16, São Paulo: IASP, 2005, p. 278.

A relação entre os aspectos internos e externos do sistema jurídico, no entanto, se limita ao condicionamento da validade do sistema jurídico à sua eficácia global, não sendo objeto de análise nem a relação entre a estrutura do sistema jurídico e sua capacidade de atingir os fins a que ele se propõe[40], nem os efeitos das transformações sociais sobre a estrutura do sistema jurídico. Como destaca Bobbio, sob a influência de Kelsen, no século XX, as análises estruturais do Direito prevaleceram sobre as funcionais[41].

Ocorre que, como observa Losano, na segunda metade do século XX, verificam-se três novas tendências: o surgimento de ordenamentos jurídicos supranacionais e internacionais a par do ordenamento nacional, a regulação, por esses ordenamentos, de aspectos cada vez mais extensos da vida humana, e o crescente poder exercido pelos juízes[42].

---

[40] Mesmo porque os próprios fins não são considerados objeto da Ciência do Direito.

[41] "Se aplicarmos à teoria do direito a distinção entre abordagem estruturalista e abordagem funcionalista, da qual os cientistas sociais fazem grande uso para diferenciar e classificar as suas teorias, não resta dúvida de que, no estudo do direito em geral (de que se ocupa a teoria geral do direito), nesses últimos cinqüenta anos, a primeira abordagem prevaleceu sobre a segunda. Sem fazer concessões a rótulos, sempre perigosos por mais úteis que sejam, acredito ser possível afirmar com certa tranqüilidade que, no seu desenvolvimento posterior à guinada kelseniana, a teoria do direito tenha obedecido muito mais a sugestões estruturalistas do que funcionalistas. Em poucas palavras, aqueles que se dedicaram à teoria geral do direito se preocuparam muito mais em saber 'como o direito é feito' do que 'para que o direito serve'. A conseqüência disso foi que a análise estrutural foi levada muito mais a fundo do que a análise funcional". (BOBBIO, N. **Da estrutura à função**: novos estudos de Teoria do Direito. Barueri: Manole, 2007, pp. 53-54).

[42] "Ao problema da pluralidade das fontes do direito – nacional, supranacional, internacional – acrescentam-se outros elementos de complexidade: os três níveis ora mencionados tendem a regular setores sempre mais vastos da vida pessoal e interestatal, enquanto as matérias reguladas tendem a ultrapassar cada vez mais os confins nacionais. [...] À pluralidade dos ordenamentos jurídicos e à impossibilidade de diminuir as

O modelo clássico não consegue lidar satisfatoriamente com essa nova realidade, pois, além do monismo kelseniano rejeitar a ideia de um pluralismo jurídico, o juiz desempenha, na Teoria Pura do Direito, um papel secundário em relação ao legislador, estando as decisões judiciais em um patamar hierárquico abaixo do das leis. Por essas razões, Losano acentua que[43]:

> Em resumo: hoje o direito assume o aspecto de uma massa tridimensional em contínua e irregular expansão e, assim, o rigoroso modelo da pirâmide normativa está desagregando-se. No bem calibrado ordenamento hierárquico da pirâmide, encontra explicação apenas uma parte do direito atual, mas não todo. O que resta fora da pirâmide é freqüentemente aquilo que de mais novo existe. Por isso, a mudança profunda no direito atual obriga a uma mudança de paradigma no seu estudo. O modelo da rede substitui aquele da pirâmide.

matérias reguladas, una-se um crescente poder dos juízes. No direito nacional, matérias como o direito do trabalho ou o direito constitucional tornaram-se matérias fortemente jurisprudenciais; em nível supranacional, os juízes comunitários influenciam diretamente os ordenamentos dos Estados-membros; em nível internacional, nascem órgãos jurisdicionais dotados de poderes sempre mais amplos". (LOSANO, M. G., op.cit., p. 281).

[43] Idem, ibidem.

3 UM NOVO MODELO DE SISTEMA JURÍDICO

Como apontamos na introdução, o objetivo deste volume é verificar de que forma alterações em uma estrutura piramidal do sistema jurídico alteram a sua previsibilidade e, portanto, a sua capacidade de prover segurança jurídica às pessoas.

Para alcançar esse objetivo, parece-nos impossível, pelas razões expostas no capítulo imediatamente anterior, adotar uma abordagem estritamente estrutural (ou interna) do sistema jurídico, haja vista que esta desconsidera as relações do sistema jurídico com o restante do sistema social.

Assim, entendemos ser necessária a utilização de um modelo de sistema jurídico que leve em consideração tanto seus aspectos internos quanto os externos e, além disso, permita estabelecer uma relação entre uns e outros.

Acreditamos que o modelo a reunir essas características é o proposto por Le Moigne, para quem o sistema é um objeto que (i) está inserido *em* um determinado meio, (ii) está voltado *para* uma finalidade, e, para tanto, (iii) *faz* ou desempenha uma atividade, (iv) *por* intermédio de uma estrutura, (v) que se *transforma* com o tempo[44].

Nesse modelo, a relação entre os aspectos externos e internos é assegurada tanto pelo fato de que a estrutura é vista como um meio para que o sistema possa atingir as finalidades a que se propõe, como pela constatação de que ela própria é,

---

[44] "De forma mais trivial, mas talvez mais mnemônica: - alguma coisa (não importa o quê, presumivelmente identificável) - que *em* alguma coisa (ambiente) - *para* alguma coisa (finalidade ou projecto) - *faz* alguma coisa (actividade = funcionamento) - *por* alguma coisa (estrutura = forma estável) - que se *transforma* com o tempo (evolução)". (LE MOIGNE, J-L., op.cit., p. 76-77).

ao longo do tempo, modificada em virtude das mudanças que ocorrem no meio circundante, mediante adaptação.

Essa definição de Le Moigne pressupõe, portanto, que os sistemas são abertos[45], pois, além de considerar que eles estão em constante interação com o meio no qual estão inseridos, leva em conta a ideia de que tais interações conformam a estrutura interna do próprio sistema. Com efeito, conquanto seja possível conceber, no plano teórico, um sistema absolutamente fechado, no plano da realidade, o que encontramos são sistemas abertos[46].

Assim, adotando a definição de sistema de Le Moigne, que considera não apenas as características internas do sistema, mas, sobretudo, sua relação com o meio no qual está inserido, elaboraremos um modelo do ordenamento jurídico isomorfo do Sistema Geral.

Cumprindo o dever para o qual nos alerta Le Moigne, tencionamos explicitar, mais uma vez, nossa intenção com tal modelização: verificar de que forma alterações na estrutura do ordenamento jurídico levadas a cabo pelo legislador e pelo juiz contribuem para a imprevisibilidade do Direito e, portanto, para um aumento da insegurança produzida pelo sistema jurídico.

3.1 A modelização sistêmica proposta por Le Moigne

O sistema é um objeto que não existe na natureza, mas apenas no espírito humano, servindo para representar outros

---

[45] A diferença entre sistemas abertos e fechados será abordada no próximo capítulo.

[46] "Además, un sistema no es necesariamente una unidad cerrada. Es concebible un sistema absolutamente cerrado y autosostenido, pero los sistemas objetivos reales son generalmente abiertos y están rodeados de otros sistemas". (LUGAN, J-C., op.cit., p. 44).

objetos[47]. Assim, a aplicação do método sistêmico proposto por Le Moigne sucede por intermédio da criação de modelos de representação do objeto de estudo.

Entre o modelo e o objeto podem existir três tipos de correspondência: isomorfismo, homomorfismo e polimorfismo[48]. A correspondência é isomórfica quando cada elemento do modelo corresponde a um só elemento do objeto e, reciprocamente, cada elemento do objeto corresponde a único elemento do modelo.

Ela é homomórfica quando cada elemento do modelo corresponde a um conjunto de elementos do objeto, sem que a recíproca seja verdadeira, ou seja, sem que cada elemento do objeto corresponda a um conjunto de elementos do modelo.

E, por fim, é polimórfica quando cada elemento do objeto corresponde a um conjunto de elementos do modelo, sem que a recíproca seja verdadeira, ou seja, sem que cada

---

[47] *"Contudo, os sistemas não se encontram na natureza, mas apenas no espírito dos homens*: o ilustre Claude Bernard (1865, p. 297) interpretava a sua fórmula de maneira negativa, mas o entusiasmo comunicativo dos sistémicos não põe em causa a sua importância: enquanto a teoria geral dos sistemas não tiver sido universalmente formulada e validada (*cf.* cap. 11, p. 281), devemos reconhecer: o sistema é um produto artificial do *espírito dos homens"*. (LE MOIGNE, J-L., op.cit., pp. 90-91).

[48] "Por comodidade da apresentação, podemos defini-las de uma forma compacta que, embora caracterize a natureza da correspondência, ignora a sua qualidade ou a sua intensidade: - *Isomorfismo*: Correspondência bijectiva tal que a cada elemento do conjunto de chegada (o modelo), corresponde um, e apenas um, elemento do conjunto de partida (o objecto); e reciprocamente: a correspondência é transitiva, reflexiva e simétrica. - *Homomorfismo*: Correspondência sobrejectiva tal que a cada elemento do conjunto de chegada corresponde pelo menos um elemento do conjunto de partida, sem que o recíproco seja verdadeiro: correspondência transitiva e reflexiva, mas não simétrica. - *Polimorfismo*: Correspondência injectiva tal que a cada elemento do conjunto de partida corresponde pelo menos um elemento do conjunto de chegada (não reciprocamente). Este último caso (o *many – to – one – mapping*) diz evidentemente respeito a qualidade da correspondência para ele única, que ele estabelece entre o objecto e o modelo". (IDEM, pp. 93-94).

elemento do modelo corresponda a um conjunto de elementos do objeto.

A modelização sistêmica é feita por meio da construção de um modelo que seja homomorfo do objeto de análise e, ao mesmo tempo, isomorfo do Sistema Geral[49]. A homomorfia em relação ao objeto permitirá que o modelo represente os traços do objeto percebidos pelo observador[50].

Já a isomorfia com o Sistema Geral, que possui propriedades conhecidas – finalidade, atividade, estrutura e evolução no ambiente – permite que o modelo também tenha essas características[51]. Graficamente, podemos representar a modelização sistêmica da seguinte forma:

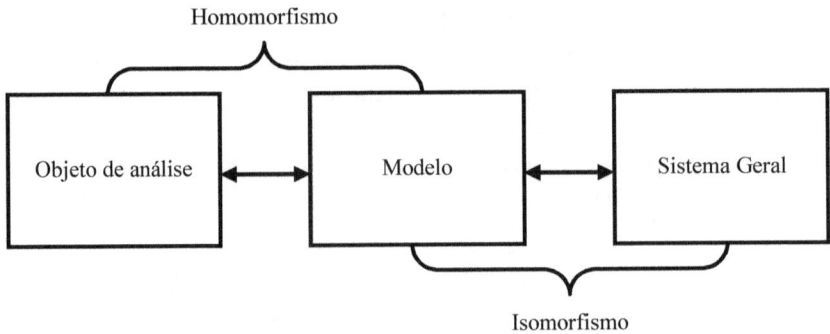

Ilustração 1 - Modelização sistêmica

---

[49] "O modo de utilização é relativamente simples: a representação que constrói o observador será ao mesmo tempo: 1) Isomorfa ao Sistema Geral. 2) Homomorfa ao objecto a representar". (IDEM, IBIDEM, p. 95).
[50] "Deve ser homomorfo do objecto a representar: deve então poder fazer corresponder a cada um dos traços com que é dotado um traço percebido ou antecipado do objecto considerado". (IDEM, IBIDEM, p. 97).
[51] "A verificação da isomorfia será fácil já que o Sistema Geral, construção artificial, é dotado de propriedades conhecidas por construção: percorrendo-as uma a uma, deve ser possível certificar-se que as propriedades com que se dota o modelo estejam em perfeita correspondência bijectiva com as do Sistema Geral: um objeto que, dotado de finalidades, funciona, estrutura-se e evolui em um ambiente". (IDEM, IBIDEM, p. 96).

Outro ponto a ser destacado é o de que é possível, com origem num mesmo objeto de análise, constituir inúmeros modelos[52], já que não existe uma única correspondência homomórfica entre o objeto e o modelo. Isso ocorre porque toda homomorfia com o objeto de análise é sempre parcial, pois através dela são selecionados, pelo modelizador, traços do objeto que são trazidos para o modelo[53]. Assim, a depender do modelizador e de suas intenções, podem ser construídos modelos distintos.

Nesse sentido, é preciso destacar a ideia de que nenhuma modelização é neutra, pois a seleção dos traços do objeto de análise depende das intenções do modelizador. Isso não retira da modelização sua utilidade. O modelizador, contudo, tem o dever de tornar explícitas suas intenções e as razões pelas quais determinados traços do objeto de análise foram escolhidos em detrimento de outros[54].

3.2 O meio circundante

Como foi mencionado, os sistemas podem ser divididos em fechados e abertos. Os fechados são isolados e, portanto, não há troca alguma entre eles e o meio circundante. Por outro

---

[52] "Será, então, *a priori* sempre possível conhecer e construir sistemografias diferentes do mesmo objecto, todas homomorfas deste objecto e todas isomorfas do Sistema Geral". (IDEM, IBIDEM).

[53] "Ao diferençar, no procedimento modelador, a semelhança numa isomorfia exaustiva com um objecto preciso mas arbitrário e artificial, e uma homomorfia necessariamente parcial com o objecto percebido a modelizar, tornámos mais explícito o papel discricionário do observador: é ele quem selecciona os traços que, por homomorfismo, desenharão o modelo". (IDEM, IBIDEM, p. 99).

[54] "Perceber um objecto é necessariamente atribuir-lhe algumas necessidades (diremos antes: algumas *finalidades*). Negá-lo é ilusório: para nós, cada objecto, cada traço de cada objecto não é evidente mas pertinente em relação à intenção que lhe atribuímos. Implicitamente sem dúvida, mas que interdiz ao modelizador que explicite as suas intenções". (IDEM, IBIDEM, pp. 99-100).

lado, nos sistemas abertos, em que há troca com o meio circundante, esta é um fator essencial para a definição do sistema[55].

As trocas com o meio ambiente, efetuadas pelos sistemas abertos, podem ser de matéria, energia e/ou informação[56]. Estas ocorrem nos dois sentidos: do meio circundante para o sistema e deste para o meio. No primeiro caso, chamamos essas trocas de entradas do sistema e, no segundo, de saídas. Assim, podemos acentuar que todo sistema aberto recebe, como entrada, do meio circundante matéria, energia e/ou informação e retorna para o meio, como saída, também matéria, energia e/ou informação.

Se concebermos a sociedade como um sistema, veremos que os elementos do sistema social, ao contrário dos sistemas físicos ou orgânicos, estão conectados primordialmente por meio de relações baseadas na troca de informações e não na permuta troca de matéria e/ou energia[57].

---

[55] "Que un sistema sea *abierto* significa que entra en intercâmbios con el ambiente, pero además que ese intercambio es un *factor esencial* subyacente en la viabilidad del sistema, su capacidad reproductiva o continuidad, y su capacidad de transformación". (BUCKLEY, W. **La sociología y la teoria moderna de los sistemas**. Buenos Aires: Amorrortur, 1993, p. 83).

[56] "Todos os sistêmicos sublinham à partida o interesse da tipologia dos fluxos estabelecida pelos termodinâmicos ou pelos biólogos (*cf*. p. ex. J. Miller, 1965, p. 193): um objecto pode processar fluxos de objectos constituídos por *matéria, energia* e/ou *informação*". (LE MOIGNE, J-L., op.cit., p. 117).

[57] "De particular interés para nosotros es el hecho de que el teórico moderno de los sistemas vincula estrechamente el concepto generalizado de organización con el de información y comunicación, porque, como hemos visto, corresponde concebir el sistema sociocultural como un conjunto de elementos conectados casi por completo mediante la intercomunicación de la información (en sentido amplio) más que mediante la energia o la sustância, como es el caso de los sistemas físicos u organísmicos". (BUCKLEY, W., op.cit., p. 127).

Os sistemas sociais são compostos por diversos subsistemas normativos, dentre os quais está o sistema jurídico[58]. Os sistemas jurídicos são, por certo, sistemas abertos, pois estão, a todo instante, trocando informações com os outros elementos dos sistemas sociais. Quando assinalamos que o sistema jurídico é aberto, estamos nos referindo às trocas efetuadas com o restante do sistema social e não à possibilidade de ele ser alterado pela inclusão, modificação ou exclusão de normas.

Para nós, o sistema jurídico é aberto porque ele troca informações com os demais subsistemas sociais e não porque o seu repertório pode ser modificado por via da edição de novas normas jurídicas. Neste caso, entendemos que o sistema é dinâmico. Não se deve, portanto, confundir abertura com dinamismo do sistema jurídico.

Assim, ainda que se admitisse, em tese, a existência de um sistema jurídico estático – que, para Hart, seria desprovido de normas secundárias de modificação – esse sistema continuaria sendo aberto, pois, de acordo com o conceito de abertura que estamos utilizando, ele continuaria trocando informações com o meio circundante.

Dessa forma, ainda que se defenda, na linha do pensamento de Luhmann, que o sistema jurídico é autopoiético, no sentido de que ele próprio é capaz de se reproduzir por meio de um processo de autorreferenciamento, o sistema jurídico não deixa de ser aberto, já que a autopoiese

---

[58] "Qualquer sistema social é, em parte, ao menos no que se refere ao fenômeno da institucionalização das relações sociais, constituído por um conjunto de sistemas normativos, entre os quais o mais significativo e, também mais estudado, por obra direta de um grupo profissional de especialistas, é precisamente o sistema jurídico" (BOBBIO, N., op.cit., 2007, p. 51). No mesmo sentido, "El sistema jurídico es obviamente un subsistema del sistema social: mientras toda norma jurídica es una norma social, lo contrario no es exacto". (KERCHOVE, M van de. **El sistema jurídico entre orden y desorden**. Madrid: Universidad Complutense de Madrid, 1997, p. 142).

do sistema jurídico leva apenas a um fechamento sob o ponto de vista normativo, permanecendo ele aberto sob o ponto de vista cognitivo, em virtude das trocas de informação efetuadas com os demais subsistemas sociais[59].

As informações recebidas pelo sistema jurídico do sistema social, que chamaremos de entradas, são fatos e valores. Ambos são processados (aqui em um sentido *lato* de processamento) pelo sistema jurídico que produz normas como saída para o sistema social, normas estas que são igualmente informações.

O sistema jurídico é, portanto, um processador de fatos segundo valores elegidos pela sociedade, que devolve para ela, como saída, normas jurídicas. Graficamente, podemos representar esse processo da seguinte forma:

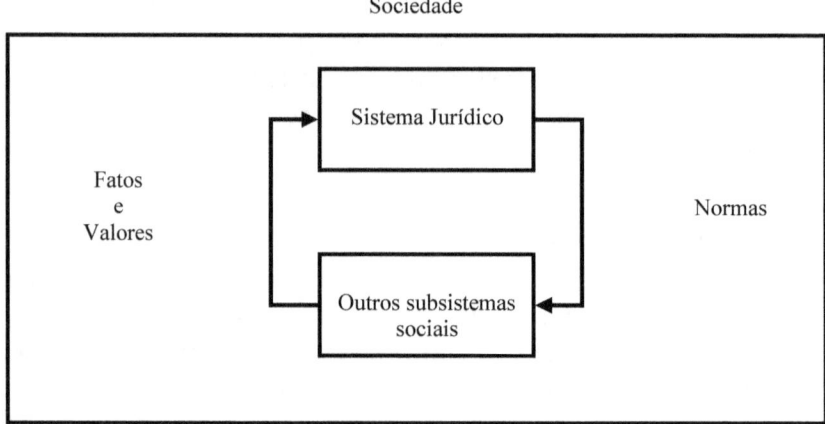

Ilustração 2 - Entradas e saídas do sistema jurídico

---

[59] "Les systèmes juridiques utilisent cette différence pour combiner la clôture de l'auto-reproduction et l'ouverture de leur relation à l'environnement. En d'autres termes, le droit est un système «de clôture normative», mais «d'ouverture cognitive»". (LUHMANN, N. L'unité du système juridique. **Archives du Philosophie du Droit**. Tomo 31. Le système juridique, Paris: Sirey, 1986, p. 173).

Como Wiener verificou, a informação possui entropia negativa[60] e, por essa razão, tem a capacidade de ordenar um sistema qualquer, quando provém de uma fonte externa dele[61]. As normas são externas aos demais subsistemas sociais, pois provêm do sistema jurídico. Já os fatos e os valores são externos ao sistema jurídico, pois advêm dos demais subsistemas sociais. Essa exterioridade aliada à entropia negativa da informação é o que permite ao sistema jurídico ordenar a sociedade, ao mesmo tempo em que é ordenado por esta.

3.3 A finalidade

Com relação às finalidades do Direito, parece não haver consenso na doutrina. Segundo Latorre, é comum, nas discussões a esse respeito, a menção à segurança e à justiça. Para ele, a segurança equivale à paz, pois uma sociedade em que as relações entre seus membros são normalmente estabelecidas sem o uso da violência, e na qual cada pessoa está protegida contra o uso arbitrário da força pelas demais, é uma sociedade pacífica[62].

---

[60] "The notion of the amount of information attaches itself very naturally to a classical notion in statistical mechanics: that of *entropy*. Just as the amount of information in a system is a measure of its degree of disorganization, so the entropy of a system is a measure of its degree of disorganization; and the one is simply the negative of the other". (WIENER, N. **Cybernetics**: or Control and Communication in the Animal and the Machine. 2. ed., Cambridge: MIT Press, 1965, p. 11).

[61] Esse ponto será visto em detalhe no item 3.6.1, quando tratarmos da entropia.

[62] "É habitual, quando se fala dos fins do Direito, citar a segurança e a justiça. Ambas estas palavras estão carregadas de uma multiplicidade de sentidos e requerem um exame que procure evitar o risco da imprecisão com que às vezes são empregues". (LATORRE, A. **Introdução ao Direito**. Coimbra: Almedina, 1978, p. 44).

Assim, para Latorre, a primeira finalidade de todo sistema jurídico é a busca da paz social[63], seguida da realização da justiça[64]. Já para Losano, a finalidade do Direito é regular modos não violentos de transferência da propriedade[65]. Por sua vez, nas visões de Kerchove e Ost, as finalidades primárias dos sistemas jurídicos são a estruturação e a integração sociais[66].

Ainda que não exista consenso com relação às finalidades do sistema jurídico, entendemos que é possível, com suporte no pensamento de Bobbio[67], classificá-las em dois grandes grupos, de acordo com as funções por elas desempenhadas. Segundo esse critério, as finalidades podem ser dividas em conservadoras e modificadoras. Enquanto aquelas visam à manutenção do *status* social (seja ele qual for), estas objetivam a transformação da sociedade (não importa em qual direção).

---

[63] "O Direito tem de cumprir primeiro que tudo essa missão pacificadora". (IDEM, p.45).

[64] "O outro dos grandes objectivos que habitualmente se consideram inerentes ao Direito é a justiça, à qual incidentalmente se acaba de fazer referência". (IDEM, IBIDEM, p. 57).

[65] "O que entendo, numa primeira aproximação, por *direito*? Desde as sociedades pré-letradas às pós-industriais, os homens se movem no interior de sistemas de regras, cuja complexidade é diretamente proporcional à intensidade das transações e ao nível das culturas. Todo sistema de normas jurídicas regula, direta ou indiretamente, modos não-violentos de transferência da propriedade, mediante a organização de um poder supra-individual capaz de impedir ou corrigir as transferências violentas da propriedade". (LOSANO, M.G. **Os grandes sistemas jurídicos**. São Paulo: Martins Fontes, 2007, pp. 3-4).

[66] "Las funciones primarias de los sistemas jurídicos apuntan a la estructuración e integración sociales". (KERCHOVE, M. van de., op.cit., p. 145).

[67] "É notória a importância que têm, para uma análise funcional da sociedade, as categorias da conservação e da mudança. Considerando agora as medidas de desencorajamento e as de encorajamento de um ponto de vista funcional, o essencial a se destacar é que as primeiras são utilizadas predominantemente com o objetivo da conservação social e as segundas, com o objetivo da mudança". (BOBBIO, N., op.cit., 2007, p. 19).

O fato de sistemas jurídicos, como os verificados nos Estados liberais do século XIX, denotarem uma finalidade quase que exclusivamente conservadora, não significa, por certo, que tais sociedades não sejam objeto de transformações, já que estas foram promovidas por outros subsistemas sociais.

Nos sistemas jurídicos contemporâneos, encontramos finalidades cujas funções podem ser consideradas tanto conservadoras, quanto modificadoras. O sistema jurídico brasileiro é um bom exemplo, pois a Constituição Federal de 1988 contém normas voltadas para os dois tipos de finalidade. Para exemplificar, podemos citar como normas de finalidade conservadora a maioria dos incisos do artigo 5º, e de finalidade modificadora os artigos 3º, 6º e 7º de nossa Carta Magna.

É importante ressaltar que, apesar de utilizarmos o modelo proposto por Le Moigne, não entraremos em discussões ideológicas acerca das finalidades do Direito. Vamos nos limitar a reconhecer, como o próprio Kelsen o fez, que, quaisquer que sejam as finalidades buscadas pelo Direito, este tende, à medida que evolui, a prover uma crescente segurança às pessoas[68], para, desde então, verificar em que medida a estrutura do sistema jurídico contribui para esse fim.

Com efeito, dentre as diversas finalidades que um sistema jurídico pode ter, uma parece ser um meio para que o sistema possa atingir as demais: a segurança coletiva. Como

---

[68] "Quando a ordem jurídica determina os pressupostos sob os quais a coacção, como força física, deve ser exercida, e os indivíduos pelos quais deve ser exercida, protege os indivíduos que lhe estão submetidos contra o emprego da força por parte dos outros indivíduos. Quando esta protecção alcança um determinado mínimo, fala-se de segurança colectiva - no sentido de que é garantida pela ordem jurídica enquanto ordem social.[...] A segurança colectiva atinge o seu grau máximo quando a ordem jurídica, para tal fim, estabelece tribunais dotados de competência obrigatória e órgãos executivos centrais tendo à sua disposição meios de coerção de tal ordem que a resistência normalmente não tem quaisquer perspectivas de resultar. É o caso do Estado moderno, que representa uma ordem jurídica centralizada no mais elevado grau". (KELSEN, H. op.cit., pp. 65-66).

leciona Bobbio, ao mesmo tempo em que a segurança coletiva é, em relação ao sistema jurídico, uma finalidade, no que concerne às demais finalidades, ela é um meio[69].

Isso porque, independentemente das finalidades específicas buscadas por um sistema jurídico qualquer, este deve ser capaz de assegurar às pessoas um mínimo de previsibilidade com relação às consequências jurídicas de seus atos, isto é, deve ser estruturado de tal forma que as pessoas saibam, com clareza, quais são os seus direitos e deveres[70]. Este livro visa, justamente, a estabelecer a relação entre a estrutura do sistema e essa finalidade comum a todo sistema jurídico, que é condição para que este possa atingir as demais.

Assim, acreditamos que as conclusões a que chegarmos ao final deste trabalho serão válidas independentemente das finalidades específicas buscadas por um sistema jurídico qualquer, permitindo-nos, portanto, estabelecer essa relação entre estrutura e segurança jurídica, sem que ela seja contaminada por questões ideológicas relacionadas às finalidades últimas desse ou daquele sistema jurídico.

---

[69] "A substituição do conceito de paz pelo de segurança coletiva faz com que retroceda um passo o fim mínimo do direito, mas não o elimina; torna-o mais vago, menos específico, mas não o suprime. Em relação à paz, a segurança coletiva é um meio ('visa à paz'), mas em relação ao direito, definido como ordenamento da força, é um fim". (BOBBIO, N., op.cit., 2007, p. 59).

[70] "But not even the greatest human decency and liberalism will, in itself, assure a fair and administrable legal code. Besides the general principles of justice, the law must be so clear and reproducible that the individual citizen can assess his rights and duties in advance, even where they appear to conflict with those of others. He must be able to ascertain with a reasonable certainty what view a judge or a jury will take of this position. If he cannot do this, the legal code, no matter how well intended, will not enable him to lead a life free from litigation and confusion". (WIENER, N. **The human use of human beings**: cybernetics and society. Boston: Da Capo Press, 1954, p. 106).

3.4   A atividade

Para cada tipo de finalidade buscada pelo sistema jurídico corresponde um tipo de atividade por ele desempenhada. Se a finalidade for conservadora, o sistema jurídico adotará medidas que visam a proteger determinados valores eleitos pela sociedade como relevantes, precipuamente, por meio do desencorajamento de condutas contrárias a esses valores.

Por outro lado, se a finalidade for modificadora, o sistema jurídico adotará medidas que visam a promover os valores eleitos pela sociedade, principalmente, mediante o encorajamento das condutas capazes de transformar a sociedade no sentido desejado[71].

3.4.1   Medidas protetivas

As medidas protetivas são aquelas que visam, em maior ou menor grau, a impedir que as condutas contrárias aos valores eleitos pela sociedade sejam praticadas[72]. Essas medidas podem ser diretas ou indiretas.

As medidas protetivas diretas são aquelas que impedem a pessoa de praticar a conduta indesejada, tornando-a

---

[71] "É notória a importância que têm, para uma análise funcional da sociedade, as categorias da conservação e da mudança. Considerando agora as medidas de desencorajamento e as de encorajamento de um ponto de vista funcional, o essencial a se destacar é que as primeiras são utilizadas predominantemente com o objetivo da conservação social e as segundas, com o objetivo da mudança". (BOBBIO, N., op.cit., 2007, p. 19).

[72] "Para atingir o próprio fim, um ordenamento repressivo efetua operações de três tipos e graus, uma vez que existem três modos típicos de impedir uma ação não desejada: torná-la *impossível*, torná-la *difícil* e torná-la *desvantajosa*. De modo simétrico, pode-se afirmar que um ordenamento promocional busca atingir o próprio fim pelas três operações contrárias, isto é, buscando tornar a ação desejada *necessária, fácil* e *vantajosa*". (IDEM, p. 15).

materialmente impossível[73]. Já as indiretas são aquelas que, apesar de não agirem diretamente sobre a conduta pessoal, exercem uma influência sobre a pessoa, tornando a conduta indesejada difícil de ser praticada ou, então, fazendo com que ela seja desvantajosa[74].

É possível, ainda, classificar as medidas protetivas em relação ao momento de sua atuação. As medidas diretas e as indiretas que visam a dificultar a prática da conduta desconforme agem em um momento anterior à prática do ato, procurando impedir ou dificultar a sua realização e, por essa razão, podem ser consideradas medidas protetivas preventivas.

Por outro lado, as medidas indiretas que visam a tornar a conduta desconforme desvantajosa não impedem ou evitam a realização do ato, mas desencorajam a sua prática pela imputação de uma pena (sanção negativa) à pessoa que a pratica, atuando, assim, em um momento posterior à sua prática. Por essa razão, podem ser consideradas medidas protetivas repressivas.

---

[73] "O primeiro tipo de operação, que consiste em fazer, sim, com que o destinatário da norma seja colocado em condição de não poder (materialmente) violá-la ou subtrair-se à sua execução, insere-se no rol das medidas *diretas*, isto é, as que o ordenamento adota para obter conformidade às normas, impedindo preventivamente a sua violação ou compelindo à sua execução. São medidas diretas as várias formas de vigilância (que pode ser passiva ou ativa) e o recurso ao uso da força (que pode se impeditiva ou constritiva)". (IDEM, IBIDEM).

[74] "Distinguem-se das medidas diretas as operações do segundo e do terceiro tipos, porque visam atingir o objetivo (tanto aquele próprio da função repressiva quanto aquele próprio da função promocional) não agindo diretamente sobre o comportamento não desejado ou desejado, mas buscando influenciar por meios psíquicos o agente do qual se deseja ou não um determinado comportamento. Podem ser denominadas medidas *indiretas*". (IDEM, IBIDEM, p. 16).

3.4.2 Medidas promocionais

Já as medidas promocionais são aquelas que buscam, em maior ou menor grau, fazer com que as condutas em conformidade com os valores eleitos pela sociedade sejam praticadas. Essas medidas também podem ser diretas ou indiretas.

As medidas promocionais diretas são aquelas que compelem a pessoa a praticar a conduta desejada, o que pode ser obtido de duas formas: mediante o emprego da força, com a execução forçada da conduta desejada, ou, então, fazendo com que seja materialmente impossível deixar de praticá-la.

As medidas promocionais indiretas são aquelas que, apesar de não agirem diretamente sobre a conduta, exercem uma influência sobre a pessoa, facilitando a prática da conduta desejada ou, então, tornando-a vantajosa.

Da mesma forma que as medidas protetivas, é válido classificar as medidas promocionais com base no momento de sua atuação; as medidas promocionais diretas e as indiretas que visam a facilitar a prática da conduta conforme agem em um momento anterior à prática do ato, procurando compelir ou facilitar a sua realização[75].

Por outro lado, as medidas promocionais indiretas que visam a tornar a conduta conforme vantajosa não compelem ou facilitam a realização do ato, mas encorajam a sua prática mediante a imputação de um prêmio (sanção positiva) à pessoa que a pratica, atuando, assim, em um momento posterior à sua prática.

---

[75] "Com particular atenção às técnicas de encorajamento, note-se a diferença entre as duas operações: a sanção propriamente dita, sob forma de recompensa, vem depois, com o comportamento já realizado; a facilitação precede ou acompanha o comportamento que se pretende encorajar". (IDEM, IBIDEM, p. 17).

3.5 A estrutura

3.5.1 As conexões entre as normas jurídicas

Segundo Le Moigne, as relações ou conexões entre os elementos de um sistema podem ser de dois tipos: de abertura ou de fechamento. As conexões de abertura estabelecem relações lineares entre os elementos do sistema, fazendo com que ele adquira uma estrutura ramificada em forma de árvore. A estrutura hierárquica é uma das espécies de estrutura em forma de árvore[76].

Por outro lado, as conexões de fechamento estabelecem relações circulares entre os elementos do sistema[77] e, ao contrário das conexões de abertura, fazem com que ele adquira uma estrutura em forma de rede, na qual não há hierarquia entre seus elementos. Dessa forma, podemos dizer que os sistemas cuja estrutura é hierárquica seguem uma lógica vertical, enquanto os sistemas cuja estrutura é em forma de rede seguem uma lógica horizontal.

---

[76] "A consideração das matrizes estruturais, para representar o Sistema Geral, num dado momento, permite de resto levar em conta uma distinção que a experiência revela muito importante no exame das inter-relações: a das conexões *de abertura* (no «sentido» do processo) e das conexões *de fechamento* (no outro sentido). As primeiras, muito familiares e muito fáceis, económicas de descrever ou conceber, representam-se usualmente por fórmulas do tipo: relações em cascata, em paralelo, em cadeia aberta, em seqüência ou em série, ramificada, em árvore. Constituem a classe das *relações arborescentes* (a literatura anglo-saxónica fala de relações *hierárquicas*, mas mostrarei (*cf.* cap. 6, p. 141) que este termo recobre uma classe muito particular das relações arborescentes)". (LE MOIGNE, J-L., op.cit., p. 140).

[77] "Assim que teve de levar em conta relações circulares, pareceu legítimo mudar o seu nome para evitar confusões e passar da sistemática à *taxinomia*. As relações *circulares*, de fechamento, recíprocas, conflituais ou de reciclagem são menos familiares e percebidas como fonte de complexidade". (IDEM, IBIDEM).

48

Neste capítulo, veremos três tipos de estrutura que o ordenamento jurídico pode assumir, dependendo das conexões entre seus elementos: a hierárquica, a em rede e a hierarquia enredada ou entrelaçada.

3.5.2 Estruturas hierárquicas

A ideia de que o ordenamento jurídico possui uma estrutura hierarquizada é comum no pensamento jurídico, especialmente em função do contributo de Kelsen a essa ideia.

Quando pensamos, no entanto, em uma pirâmide, podemos imaginá-la tanto com o ápice para cima e a base para baixo, quanto o contrário. A primeira é a metáfora utilizada para representar o pensamento kelseniano. A segunda para figurar a reflexão de algumas correntes jusfilosóficas realistas, como a de Alf Ross.

3.5.2.1 A pirâmide de Kelsen

De acordo com o pensamento kelseniano, o ordenamento jurídico é um conjunto hierarquizado de normas jurídicas. A hierarquia entre as normas decorre do fato de que o fundamento de validade de uma norma qualquer do ordenamento jurídico está em outra norma do sistema. Na medida em que uma norma é o fundamento de validade de outra, a norma que dá validade a outra é superior a esta. Sob outro ângulo, se o fundamento de validade de uma norma é outra norma, a norma cuja validade depende de outra é hierarquicamente inferior àquela da qual sua validade depende[78].

---

[78] "Uma norma que representa o fundamento de validade de uma outra norma é figurativamente designada como norma superior, por confronto com uma norma que é, em relação a ela, a norma inferior." E, ainda, às pp. 309-310: "A relação entre a norma que regula a produção de uma outra e a

A figura piramidal resulta não apenas da existência de uma hierarquia entre as normas, mas, sobretudo, do fato de que, quanto mais baixo é o nível hierárquico, maior é a quantidade de normas e, inversamente, quanto mais alto é o nível hierárquico, menor é a quantidade de normas[79]. No ápice da pirâmide, temos, no campo das normas postas, a Constituição[80] e, como fundamento de validade desta, a norma fundamental.

Essa estrutura é composta tanto por normas abstratas e gerais, quanto por normas concretas e individuais[81]. Geralmente, as normas superiores não apenas estabelecem o procedimento para a produção das normas inferiores, mas também limitam ou determinam o seu conteúdo[82]. Quando é produzida, a norma inferior dá concretude à norma superior. Nesse sentido, as leis dão concretude às normas

norma assim regularmente produzida pode ser figurada pela imagem espacial da supra-infra-ordenação. A norma que regula a produção é a norma superior, a norma produzida segundo as determinações daquela é a norma inferior. A ordem jurídica não é um sistema de normas jurídicas ordenadas no mesmo plano, situadas umas ao lado das outras, mas é uma construção escalonada de diferentes camadas ou níveis de normas jurídicas". (KELSEN, H., op.cit., p. 267).

[79] "Conforme se vai subindo na hierarquia das fontes, as normas tornam-se cada vez menos numerosas e mais genéricas; descendo, ao contrário, as normas tornam-se cada vez mais numerosas e mais específicas". (BOBBIO, N., op.cit., 1999, p. 40).

[80] "Se começarmos por tomar em conta apenas a ordem jurídica estadual, a Constituição representa o escalão de Direito positivo mais elevado". (KELSEN, H., op.cit., p. 310).

[81] "Como já anteriormente verificamos, uma ordem jurídica é um sistema de normas gerais e individuais que estão ligadas entre si pelo facto de a criação de toda e qualquer norma que pertence a esse sistema ser determinada por uma outra norma do sistema e, em última linha, pela sua norma fundamental". (IDEM, p. 324).

[82] "Como já foi destacado, a criação de uma norma inferior através de uma norma superior pode ser determinada em duas direcções. A norma superior pode não só fixar o órgão pelo qual e o processo no qual a norma inferior é produzida, mas também determinar o conteúdo desta norma". (IDEM, IBIDEM, p. 326).

constitucionais, os decretos dão concretude às leis e assim por diante.

Isso faz com que as normas exerçam dupla função: de produção e de execução. Ao mesmo tempo em que executam as normas que lhes são superiores, produzem normas que lhes são inferiores[83]. Exceção a essa regra são apenas a norma fundamental que, por estar no ápice da pirâmide, somente produz normas inferiores, não sendo executiva de nenhuma outra norma, e as normas que estão na base da pirâmide, que são apenas executivas, não produzindo normas inferiores[84].

Assim, como ensina Bobbio, "se a olharmos de cima para baixo, veremos uma *série de processos de produção jurídica*; se a olharmos de baixo para cima veremos, ao contrário, uma série de *processos de execução jurídica*"[85].

Na perspectiva de Kelsen, as decisões judiciais são normas individuais e estão num nível hierárquico abaixo do das leis, que são normas gerais. A aplicação das normas gerais pelo juiz ocorre pela produção, por este, de uma norma que individualiza, no caso concreto, a sanção prevista abstratamente pelo legislador. Como, tanto o procedimento para a produção dessa norma individual (Código de Processo Civil, Código de Processo Penal etc.), quanto o seu conteúdo estão previstos em lei, a decisão judicial só será válida se estiver, tanto formal, quanto materialmente, em consonância

---

[83] "Com efeito, se deixarmos de lado os casos-limite – a pressuposição da norma fundamental e a execução do acto coercivo – entre os quais se desenvolve o processo jurídico, todo acto jurídico é simultaneamente aplicação de uma norma superior e produção, regulada por esta norma, de uma norma inferior". (IDEM, IBIDEM, p. 325).

[84] "Todas as fases de um ordenamento são, ao mesmo tempo, executivas e produtivas, à exceção da fase de grau mais alto e da fase de grau mais baixo. O grau mais baixo é constituído pelos atos executivos: esses atos são meramente executivos e não produtivos. O grau mais alto é constituído pela norma fundamental: essa é somente produtiva e não executiva". (BOBBIO, N., op.cit., 1999, p. 51).

[85] IDEM, IBIDEM.

com a norma hierarquicamente superior da qual ela retira seu fundamento de validade: a lei.

Por essas razões, no modelo kelseniano, a decisão judicial integra o sistema jurídico em um nível hierárquico abaixo do das leis.

3.5.2.2 A pirâmide invertida de Alf Ross

Alf Ross não nega a existência de uma hierarquia entre as normas que compõem o sistema jurídico, mas inverte a pirâmide kelseniana, na medida em que condiciona a validade das normas do sistema jurídico à sua aplicação pelos tribunais.

Com efeito, para Ross, as normas jurídicas podem ser de conduta e de competência. Estas estabelecem um procedimento para a criação das normas de conduta e, nesse sentido, pode-se dizer que as normas de competência são normas de conduta expressas de forma indireta, pois mediatamente também prescrevem condutas. Para ele, as normas de conduta não são dirigidas diretamente Às pessoas, mas, sim, aos juízes, pois estabelecem as diretrizes segundo as quais os magistrados devem exercer autoridade, quando estiverem diante de um determinado caso a ser decidido[86].

Desse modo, apenas indiretamente, e de forma derivada, as normas de conduta são dirigidas às pessoas, já que estas não se comportam de acordo com o que estabelece o sistema jurídico pelo simples fato de uma determinada conduta estar prescrita na lei, mas, sim, porque têm condições de prever,

---

[86] "As normas jurídicas podem ser divididas, de acordo com seu conteúdo imediato, em dois grupos: *normas de conduta* e *normas de competência*. [...] Uma norma de competência é, deste modo, uma norma de conduta expressa indiretamente. [...] A quem são dirigidas as normas de conduta? [...] A seção 62 é , ao mesmo tempo, uma diretiva aos tribunais quanto a como, num caso que se enquadre nessa regra, deverão exercer sua autoridade". (ROSS, Alf. **Direito e Justiça**. Bauru/São Paulo: EDIPRO, 2000, p. 57).

com certa precisão, a reação que os juízes terão caso a lei seja violada e, por essa razão, agem em conformidade com o Direito[87].

Se, para Kelsen, as decisões judiciais estão em um nível hierárquico inferior ao das leis, já que aquelas retiram seu fundamento de validade (formal e material) destas, para Ross o que ocorre é exatamente o oposto: como uma lei só é considerada válida se é aplicada pelos juízes, o fundamento de validade da lei passa a ser decisão judicial.

Se admitirmos, como visto no subitem anterior, que a relação mediante a qual uma norma jurídica retira de outra seu fundamento de validade, estabelece uma hierarquia entre essas duas normas, de tal forma que a norma que retira seu fundamento de validade de outra é considerada inferior à norma da qual o fundamento de validade é retirado, temos que concluir que, para Ross, as decisões judiciais estão em um patamar hierárquico superior ao das leis.

Assim, segundo Ross, o sistema jurídico tem a forma de uma pirâmide invertida com sua base, constituída pelas decisões judiciais, voltada para cima e com seu cume, composto pela Constituição, voltado para baixo. Graficamente, podemos representar a pirâmide de Kelsen e a pirâmide invertida de Ross da seguinte forma:

---

[87] "Inversamente, se a medida contiver uma diretiva para os tribunais, não haverá necessidade de dar aos indivíduos particulares instruções adicionais relativas à sua conduta. São dois aspectos do mesmo problema. A instrução (diretiva) ao particular está implícita no fato de que ele sabe que reações pode esperar da parte dos tribunais em dadas condições. Se desejar evitar essas reações, tal saber o levará a se conduzir da forma que está de acordo". (IDEM, IBIDEM).

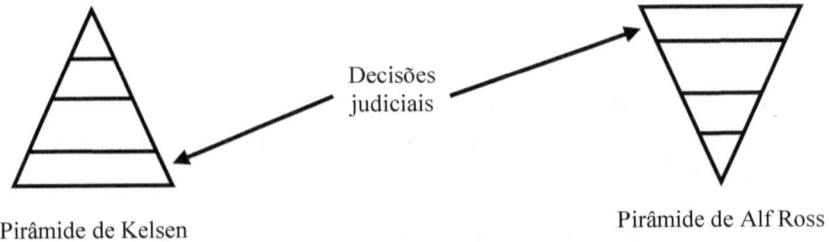

Pirâmide de Kelsen   Pirâmide de Alf Ross

Ilustração 3 - As pirâmides de Kelsen e Ross

3.5.3   Estrutura em rede

Como foi em passagem anterior, as conexões entre as normas jurídicas podem ser abertas ou fechadas. Quando as normas são conectadas única e exclusivamente por conexões fechadas ou circulares, o ordenamento jurídico adota uma estrutura em rede. Nessa circunstância, não há uma hierarquia entre as normas que compõem o sistema, razão pela qual não se pode cogitar na metáfora da pirâmide.

Para Luhmann, esse é o caso do sistema jurídico, pois, a relação de validade entre as leis e as decisões judiciais é simétrica, ou seja, ao mesmo tempo em que a validade das leis depende de sua aplicação pelo juiz, a das decisões judiciais depende de uma previsão legal[88].

Já dissemos que a hierarquia entre duas normas resulta de uma relação específica entre elas por meio da qual uma norma retira da outra seu fundamento de validade. Se admitirmos, na linha do pensamento de Luhmann, que a lei é o fundamento de validade da decisão judicial, e vice-versa,

---

[88] "Chacun des éléments doit son caractère de norme à celui des autres éléments, auxquels s'applique la même règle. In ne peut donc pas y avoir de hiérarchies de normes. Pour ce qui concerne la normativité, entre la loi et la décision judiciaire existe même un strict rapport de symétrie. Les lois ont valeur de règles normatives uniquement parce qu'il est prévu qu'elles soient appliquées dans les jugements, de la même façon que ces jugements peuvent régler normativement des situations uniquement parce que cela est prévu par les lois". (LUHMANN, N., op.cit., p. 174).

chegaremos à conclusão de que não há uma hierarquia entre essas duas espécies de normas jurídicas.

Essa circularidade entre as leis e as decisões judiciais[89] faria com que o sistema jurídico adotasse uma estrutura em rede, na qual não há hierarquia alguma entre as normas que compõem o sistema.

3.5.4 *Hierarquias enredadas ou entrelaçadas*

As estruturas em pirâmide e em rede, vistas nos tópicos anteriores, são modelos que correspondem a situações extremas do sistema jurídico. Como exemplo de estrutura em pirâmide, poderíamos citar o Direito Público do século XIX e de estrutura em rede o Direito Internacional contemporâneo[90].

Tais sistemas não representam, por certo, a grande parte dos modernos sistemas jurídicos, pois estes possuem uma estrutura situada entre esses dois extremos, que podemos chamar de hierarquia enredada ou entrelaçada.

Nas hierarquias enredadas, a hierarquia entre as normas existe, mas há elementos que, de alguma forma e em graus distintos, subvertem ou relativizam essa hierarquia.

Um exemplo de relativização da hierarquia tradicional, dado por Kerchove, está no poder que algumas Constituições

---

[89] "Concernant la normativité, entre la règle et le jugement qui l'applique existe donc une relation circulaire". (IDEM, IBIDEM).

[90] "El Derecho público del siglo XIX, en el marco del Rechtsstaat (Estado de Derecho), sin duda se corresponde bastante bien con el modelo jerárquico; de igual manera que, en la actualidad, el Derecho internacional público, carente de autoridades supranacionales dotadas de poderes realmente efectivos, podría se analizado como un dominio «anárquico» en cuyo sena apenas es posible distinguir entre autoridades y sometidos, de tal modo que las relaciones que prevalecen responden a una lógica «horizontal» o «transversal» más que «vertical»". (KERCHOVE, M. van de., op.cit., 1997, p. 104).

atribuem às Cortes Constitucionais de exercer um controle concentrado da constitucionalidade das leis[91].

Se houvesse uma perfeita hierarquia entre as leis e as decisões judiciais, de tal forma que estas estivessem em um patamar hierárquico inferior ao daquelas, não seria possível a uma Corte Constitucional, por meio do exercício do poder jurisdicional, retirar a validade de uma lei, por afronta ao Texto Constitucional.

Com efeito, se as decisões da Corte Constitucional estivessem em um patamar hierárquico inferior ao da lei, não seria possível conceber um controle de constitucionalidade das leis exercido pelo Poder Judiciário e, nesse caso, o Legislativo poderia exercer seu poder de forma ilimitada, sem qualquer controle externo.

Por outro lado, se entendermos que o exercício do Poder Legislativo derivado pode ser controlado pelas cortes constitucionais, teríamos que admitir, dentro de uma perspectiva estritamente hierárquica, que as decisões da Corte Constitucional, pelo fato de não estarem sujeitas à revisão por nenhum outro órgão, estariam em um patamar hierárquico acima do das leis e, portanto, seríamos forçados a reconhecer que a Corte Constitucional seria hierarquicamente superior ao Poder Legislativo.

Nenhuma dessas duas opções é satisfatória, pois ambas procuram explicar a relação entre a Constituição e a decisão

---

[91] "La cuestión del control de la constitucionalidad de las leyes en Derecho público hace casi inevitable la emergencia de «jerarquías enredadas». En efecto, una de dos: o bien el Derecho positivo excluye todo control judicial de la conformidad de las leyes con las disposiciones constitucionales y el poder legislativo aparece así como soberano en la medida en que las leyes promulgadas se incorporan al orden jurídico cualesquiera que sean las críticas de constitucionalidad que susciten; o bien una jurisdicción suprema ejerce el control de constitucionalidad de las leyes y, por tanto, se sitúa, al menos de hecho, en una posición preeminente con respecto a los poderes constituidos". (IDEM, p. 106).

proferida pela Corte Constitucional com base na premissa de que a relação de hierarquia entre duas normas é absoluta: ou a Constituição é hierarquicamente superior à decisão da Corte Constitucional, ou esta é hierarquicamente superior à Constituição.

Nesse caso, citado de modo ilustrativo por Kerchove, ao mesmo tempo em que admitimos a supremacia da Constituição, somos forçados a reconhecer que a linearidade da relação entre esta e as decisões de uma Corte Constitucional é relativizada pela circularidade entre ambas.

Fazendo referência ao ordenamento pátrio, sabemos que, de acordo com a Constituição Federal de 1988, o controle de constitucionalidade das leis pode ser exercido tanto de forma concentrada, pelo Supremo Tribunal Federal[92] e pelos tribunais de justiça dos Estados Federados[93], quanto de forma difusa, por qualquer juiz.

Como veremos no próximo capítulo, uma das causas estruturais da insegurança jurídica é justamente esse poder, atribuído por nosso ordenamento aos juízes, de exercerem um controle difuso de constitucionalidade das leis.

3.6 A evolução

É notório o fato de que os sistemas jurídicos estão em constante modificação. Com efeito, a todo o momento normas jurídicas são revogadas (total ou parcialmente), bem como modificadas, além de inúmeras outras serem criadas pelos diversos órgãos estatais dotados de competência normativa.

---

[92] Constituição da República Federativa de 1988, op.cit., artigo 102, inciso I, alínea "a".
[93] Idem, artigo 125, §2°.

Para tratarmos da evolução da estrutura do sistema jurídico ao longo do tempo, entendemos ser imprescindível analisarmos, primeiramente, o conceito de entropia.

3.6.1   O conceito de entropia

A entropia é a medida da desordem de um sistema. Quanto maior a entropia, maior é o grau de desordem de um sistema. Quanto menor a entropia, menor é o grau de desordem ou, o que é equivalente, maior é o grau de ordenação do sistema[94].

Estatisticamente, a entropia de um sistema fechado tende a crescer ao longo do tempo, até que o sistema atinja seu ponto de equilíbrio, no qual a entropia e a desordem são máximas[95]. Isso ocorre porque a quantidade de estados desordenados do sistema supera, em muito, a quantidade de estados ordenados e, portanto, a probabilidade de o sistema, ao longo do tempo, caminhar para um estado de desordem é muito maior do que a probabilidade de o sistema caminhar para um estado ordenado.

É importante ressaltar que, estatisticamente, existe a possibilidade (ainda que improvável), de o sistema caminhar

---

[94] *"Entropía*: magnitud que, en termodinámica, permite evaluar la *degradación* de la energía de un sistema. La entropía de un sistema caracteriza más generalmente su grado de desorden". (LUGAN, J-C., op.cit., p. 47).

[95] "La importante distinción entre sistemas abiertos y cerrados ha sido expresada a menudo con referencia a la «entropía»: los sistemas cerrados tienden a acentuar la entropía – a «decaer» –; los sistemas abiertos son «negentrópicos» – tienden a disminuir en entropía, o a elaborar estructura – .". (BUCKLEY, W. op.cit., p. 84). No mesmo sentido, "(...) Passa assim irreversivelmente de uma situação de ordem inicial para uma situação de desordem crescente e o princípio de ordem de Boltzmann pode enuncia-se: *todo o sistema tende para o seu estado mais provável* (que é o de desordem máxima)". (FORSÉ, M. **A ordem improvável**: entropia e processos sociais. Porto: Rés, 1993, p. 76).

para um estado de ordem máxima[96]. Essa possibilidade afasta eventuais pretensões deterministas a modelos constituídos sobre a premissa de que todo sistema tende naturalmente à desordem. Nesse sentido, é importante destacar o fato de que a utilização de modelos nas Ciências Sociais não implica um determinismo social, já que este não se confunde com o determinismo que encontramos, por exemplo, no campo da Física[97].

A objeção, geralmente feita no sentido de que a utilização de modelos no estudo das Ciências Sociais implicaria um determinismo decorre de uma preocupação com modelos obsoletos, sendo perfeitamente possível testar regularidades e probabilidades em sistemas sociais sem que estas representem qualquer tipo de causalidade estrita[98].

---

[96] "A possibilidade da desordem se transformar em ordem não está excluída. O sobrevir desse fenómeno tem somente uma probabilidade muito fraca". (FORSÉ, M. op.cit., p. 79).

[97] *El determinismo de un sistema social no es el determinismo de un sistema físico. El sistema social es la esfera en que se elige lo aleatorio y lo incierto, y está permitido dudar de la validez de la transposición de un programa de investigación operacional en un conjunto sociocultural"* (LUGAN, J-C. op.cit., p. 46). No mesmo sentido, "[...] O determinismo não está ausente do princípio de Boltzmann mas não é da mesma natureza do que prevalece no sistema laplaciano". (FORSÉ, M., op.cit., p. 80).

[98] "If we suggest that understanding of impersonal situations, as well as personal actions, is possible by means of models, and perhaps only by means of models, we are apt to meet with two kinds of objections. The first objection is based on the fact of uncertainty. Since many events in politics and social life are uncertain until the moment they occur, would not a prediction based on models introduce an unwarranted bias in favor of some assumed strict causality or determinism? This objection, where it still persists, is based on ignorance or, more charitably put, on a preoccupation with obsolete models. There is no need to put more 'causality' or 'determinism' into our symbolic models than we have reason to expect to find in the situations we intend to investigate with their aid. Models can be set up in terms of probability, and they can be revised in line with the probability distributions found in the empirical data. Our entire discussion of prediction was in terms of a repeatable operation, and not in terms of any

Outro ponto relevante é o de que os estados de ordenação do sistema são instáveis, já que o sistema tende, estatisticamente, para o estado de desordem máxima. Dessa forma, podemos dizer que, entropicamente, toda ordem é instável. Com relação a esse ponto, vale relembrar a divergência entre Aristóteles e Maquiavel no que diz respeito à ordenação da sociedade.

Como se sabe, Aristóteles entendia que, pelo fato de o homem ser naturalmente sociável, o Estado (e podemos acrescentar, a sociedade) também é um fato natural[99]. Por outro lado, Maquiavel deixa claro que a ausência do Estado fatalmente leva a sociedade ao caos, razão pela qual o pior dos governos é melhor do que a ausência de um governante[100].

Em termos sistêmicos, desde o momento em que admitimos uma tendência natural do sistema social à desordem, somos forçados a discordar de Aristóteles e nos render ao pensamento de Maquiavel. A ordem social não é um feito natural. É produto da ação humana, é algo conquistado, constituído e, por essa razão, é sempre instável.

---

construct of 'causality.' The pitfalls of the notion of causality have been pointed out for the natural sciences by P. W. Bridgman and for the social sciences by R. M. MacIver. Political scientists can very well seek out and test possible regularities and probabilities without becoming entangled in the metaphysics of any absolute causality concept". (DEUTSCH, K.W. **The nerves of government** – models of political communication and control. Nova Iorque: Free Press, 1966, pp. 13-14).

[99] "Fica evidente, pois, que a Cidade é uma criação da natureza, e que o homem, por natureza, é um animal político [isto é, destinado a viver em sociedade], e que o homem que, por sua natureza e não por mero acidente, não tivesse sua existência na cidade, seria um ser vil, superior ou inferior ao homem. Tal indivíduo, segundo Homero, é 'um ser sem lar, sem família, sem leis', pois tem sede de guerra e, como não é freado por nada, assemelha-se a uma ave de rapina". (ARISTÓTELES. **Política**. 4. ed., Trad. Pedro Constantin Toles. São Paulo: Martin Claret, 2001, p. 56).

[100] MAQUIAVEL, Nicolau. **O Príncipe**. 6. ed. Trad. Pietro Nassetti. São Paulo: Martin Claret, 1998.

Essa constatação contraria uma associação geralmente feita entre ordem e estabilidade sociais, já que todo e qualquer estado de ordenação da sociedade é instável. A sociedade só será estável quando atingir seu nível de desordem máxima, mas, se e quando isso ocorrer, não poderemos mais admitir a existência de uma sociedade, uma vez que esta pressupõe um mínimo de ordem.

E, por fim, é preciso fazer a terceira observação, no sentido de que essa tendência natural à desordem se verifica em qualquer sistema fechado, independentemente da quantidade de elementos que o compõem[101].

Feitas essas observações, é preciso indagar: se os sistemas tendem, estatisticamente, para um estado de desordem máxima, como explicar a ordem verificada em diversos sistemas? Tomemos o corpo humano como exemplo. De que maneira explicar a vida com base nessa tendência à desordem?

A resposta foi dada por Prigogine e está nos sistemas abertos. Para que exista ordem, é preciso que o sistema seja aberto, já que serão as trocas com o meio circundante que permitirão a ordenação do sistema. Prigogine propôs a seguinte fórmula (1961, p. 16):

$dS = d_eS + d_iS$, onde:
dS = variação total da entropia de um sistema
d_eS = variação da entropia devido às trocas com o exterior
d_iS = variação da entropia interna do sistema

---

[101] "These two physicists undertook a radical application of an exciting, new idea. Perhaps the use of statistics in physics which, in large measure, they introduced was not completely new, for Maxwell and others had considered worlds of very large numbers of particles which necessarily had to be treated statistically. But what Bolzmann and Gibbs did was to introduce statistics into physics in a much more thoroughgoing way, so that the statistical approach was valid not merely for systems of enormous complexity, but even for systems as simple as the single particle in a field of force". (WIENER, N., op.cit., 1954, pp. 7-8).

A variação da entropia interna do sistema é sempre positiva ($d_iS > 0$), pois esta tende sempre a crescer. Dessa forma, se o sistema for fechado ($d_eS = 0$), a variação total da entropia do sistema (dS) será igual à variação de sua entropia interna, que será sempre positiva ($dS = d_iS > 0$).

Se, porém, o sistema for aberto, haverá troca com o meio circundante e a entropia trocada poderá ser positiva ou negativa. Se for positiva, contribuirá para aumentar ainda mais a desordem do sistema. Por outro lado, se for negativa, contribuirá para reduzir a desordem do sistema, ou seja, contribuirá no sentido de ordená-lo. Nessa hipótese, em que a entropia trocada com o meio circundante é negativa, temos três situações possíveis.

Na primeira, a entropia trocada é negativa, mas sua intensidade é menor do que a variação da entropia interna do sistema ($d_eS < d_iS$). Nesse caso, a entropia do sistema tenderá a aumentar (o sistema ficará mais desordenado), mas a uma velocidade menor do que a que seria verificada, caso o sistema não tivesse efetuado tal troca (se tivesse permanecido fechado).

Na segunda, a entropia trocada é negativa e sua intensidade é igual à variação da entropia interna do sistema ($d_eS = d_iS$). Aqui, a entropia do sistema permanecerá constante e o sistema continuará com o mesmo grau de ordenação, já que a entropia negativa trocada com o meio circundante compensará o aumento da entropia interna do sistema.

Por fim, a terceira situação possível é aquela em que a intensidade da entropia negativa trocada com o meio circundante é maior do que o aumento da entropia interna ($d_eS > d_iS$). Nesse caso, a entropia do sistema tenderá a diminuir e o sistema tenderá a restar cada vez mais ordenado.

Assim, podemos assegurar que é possível ordenar um sistema qualquer, desde que: (i) ele seja aberto, e (ii) ele troque entropia negativa com o meio circundante em intensidade superior à variação positiva de sua entropia interna.

Por fim, cumpre destacar o fato de que o aumento da entropia e, portanto, da desordem de um sistema, implica um aumento da igualdade (sob o ponto de vista quantitativo) e da homogeneidade (sob o ponto de vista qualitativo) de seus elementos[102].

Isso significa que a diferenciação dos elementos de um sistema depende da redução de sua entropia e, portanto, do fato de o sistema ser aberto e das trocas com o meio circundante serem de intensidade superior e sinal contrário à tendência ao crescimento de sua entropia interna.

Dessa forma, na ausência de trocas com o meio circundante ou na hipótese dessas serem insuficientes para fazer frente ao crescimento natural da entropia interna, os elementos que o compõem tenderão, com o tempo, a se tornar cada vez mais homogêneos, fazendo com que sua estrutura interna tenda a desaparecer.

3.6.2 Entropia do sistema jurídico

Feitos esses esclarecimentos sobre a entropia dos sistemas fechados e abertos, veremos como se formam as estruturas dos sistemas jurídicos.

Quando falamos de estrutura, nos reportamos a um tipo de ordenação qualquer. A primeira pergunta a ser feita é se existe uma estrutura inerente aos ordenamentos jurídicos e que, por essa razão, seria assumida por todo e qualquer sistema jurídico naturalmente, independentemente de qualquer atuação humana.

---

[102] "[...] O crescimento da desordem significando, vêmo-lo aqui, do ponto de vista quantitativo: aumento de igualdade no interior do sistema e, do ponto de vista qualitativo: aumento da homogeneidade". (FORSÉ, M., op.cit., p. 88).

Como já vimos, a formação de uma estrutura dentro de um sistema qualquer não é um processo natural, porquanto a tendência probabilística a um aumento da entropia interna força o desaparecimento de qualquer heterogeneidade e, portanto, de qualquer estrutura.

Bobbio observa que, quanto mais para o alto da pirâmide do ordenamento jurídico caminhamos, mais escassas se tornam as normas e quanto mais para a base nos direcionamos, maior o número de normas[103].

Ainda que admitamos a existência de certas normas em menor quantidade e de outras em maior quantidade em um ordenamento jurídico, tal fato não seria suficiente para criar uma estrutura qualquer, muito menos em pirâmide.

Em primeiro lugar, porque tal constatação pressupõe uma prévia classificação das normas segundo um critério qualquer. Com efeito, a afirmação de que há *certas* normas em maior ou menor quantidade pressupõe uma prévia divisão das normas em classes, pois só assim é possível afirmar que o ordenamento contém X normas do tipo A, Y normas do tipo B, e assim por diante. Essa classificação já implica, em certa medida, uma ordenação das normas jurídicas que, nesse caso, é fruto do trabalho humano e, portanto, já não é natural.

Em segundo lugar, mesmo admitindo, apenas para fins de argumentação, que o ordenamento jurídico devesse *por natureza* conter normas jurídicas de espécies diferentes, em quantidades diversas, tal fato não levaria necessariamente a um determinado tipo de estrutura.

Isso porque podemos pensar, apenas a título ilustrativo, em duas estruturas possíveis, ambas formadas por normas de quantidades variadas: uma em forma de pirâmide e outra em

---

[103] "[...] Conforme se vai subindo na hierarquia das fontes, as normas tornam-se cada vez menos numerosas e mais genéricas; descendo, ao contrário, as normas tornam-se cada vez mais numerosas e mais específicas". (BOBBIO, N., op.cit., 1999, p. 40).

forma de anéis concêntricos, graficamente representadas da seguinte forma:

Ilustração 4 - Duas estruturas possíveis do ordenamento jurídico

Como existe mais de uma estrutura possível baseada em normas de quantidades diversas, não podemos afirmar, nem que uma, nem que outra, é formada naturalmente e, portanto, é inerente a todo e qualquer ordenamento jurídico.

Quando pensamos em uma estrutura qualquer, em forma piramidal, em rede ou híbrida, somos forçados a reconhecer que essas estruturas não são inerentes a todo e qualquer ordenamento jurídico. Como assinala Russo, a estrutura do sistema jurídico não é um *a priori* ontológico, mas, sim, produto das trocas efetuadas pelo sistema jurídico com o meio circundante[104].

Assim, resta claro que as estruturas do sistema jurídico não são formadas naturalmente, sendo, portanto, constituídas com arrimo nas trocas efetuadas pelo sistema jurídico com o

---

[104] "Tampoco puede visualizarse la estructura como un *a priori* ontológico independientemente del flujo de sucesos. Por el contrario, esta corriente de sucesos también determinará a aquélla, en la medida de la realidad observable. [...] Resta considerar ahora aquellos elementos últimos del sistema jurídico que hemos denominado 'sucesos' y que, transitando por el interior del mismo le dan su vida propria. Se trata de los hechos (vale decir, de fenómenos observables empíricamente) caracterizados teóricamente como sociales (toda vez que interfieren con los hechos del campo que hemos denominado realidad social)". (RUSSO, E. A. **A Teoria General del Derecho en la Modernidad y en la Posmodernidad**. Buenos Aires: Beledo-Perrot, 1996, pp. 294-295).

meio circundante. A pergunta que devemos responder agora é como são elas formadas.

Para tanto, imaginemos, a exemplo do que fez Hart, um ordenamento jurídico composto única e exclusivamente por normas de obrigação (que, para Hart, são normas primárias). Imaginemos, ainda, que todas essas normas de obrigação foram postas por uma só autoridade (Rex I), ou seja, são provenientes de apenas uma fonte e foram positivadas em um só momento, de tal forma que nenhuma dessas normas é anterior ou posterior às demais.

Essas normas também não foram objeto de qualquer tipo de classificação ou rotulação que pudesse diferenciá-las, ou seja, apesar de terem sido originadas de fonte única, a autoridade que as positivou não as rotulou como sendo leis, decretos, resoluções, nem lhes atribuiu qualquer outro tipo de denominação, não possuindo estas qualquer diferença sob o ponto de vista formal.

Em uma situação como essa, seríamos forçados a reconhecer que todas essas normas estariam em um mesmo patamar hierárquico, ou seja, não haveria entre elas relações de superioridade ou inferioridade, nem mesmo qualquer critério de prevalência de uma sobre a outra em caso de conflito.

Assim, teríamos de reconhecer que todas essas normas teriam, dentro desse sistema, o mesmo valor (no sentido de importância). Ainda que seu conteúdo fosse variado, haveria entre elas, sob o aspecto formal, uma homogeneidade.

Nesse caso, não poderíamos assinalar que tais normas estariam escalonadas sob a forma de uma pirâmide, tampouco sob outra forma ordenada qualquer. Sob o ponto de vista entrópico, dizemos que, na ausência de qualquer fonte de entropia negativa externa a esse sistema composto única e exclusivamente por normas de obrigação, ele não teria estrutura alguma.

Assim, para que esse sistema normativo possa assumir uma estrutura qualquer – em forma de pirâmide, de rede ou de uma pirâmide enredada – é preciso que exista um fator externo a esse sistema capaz de trocar com ele entropia negativa e, assim, estruturá-lo. Esse "fator externo" são outras normas que Hart chama de "secundárias".

É preciso esclarecer que, quando afirmamos as normas secundárias como "externas" às normas primárias, tal exterioridade se dá em relação a um subsistema do sistema jurídico composto pelas normas primárias (de obrigação).

Isso porque o sistema jurídico é composto por dois subsistemas: um de normas primárias (de obrigação) e outro de normas secundárias[105]. O subsistema de normas secundárias é externo ao subsistema de normas primárias, mas ambos estão inseridos no sistema jurídico[106]. É justamente essa exterioridade em relação ao subsistema de normas primárias que permite ao subsistema de normas secundárias organizá-lo, fazendo com que ele adquira uma estrutura qualquer.

Cabe aqui fazer uma pequena observação: quando nos referimos ao subsistema de normas primárias, estamos pressupondo a existência do subsistema de normas secundárias, pois, como Hart acentua, o conjunto de normas

---

[105] "Mas porque justamente um sistema jurídico é uma união complexa de regras primárias e secundárias, esta prova não basta para descrever as relações com o direito implicadas na existência de um sistema jurídico". (HART, H. L. A., op.cit., p. 126).

[106] "La théorie juridique de Hart doit elle-même composer avec ces conditions. Pour en donner un aperçu sommaire, cette théorie constitue l'unité du droit dans une relation auto-compensatoire. Une couche de règles primaires, en raison de la faiblesse qui leur est inhérente (incertitude, nature statique, manque d'effectivité) doit trouver un complément dans une couche de règles secondaires. Mais, dans les opérations juridiques, la corrélation de ces deux plans ne peut se voir à la fois reconnue et mise en œuvre que si l'un et l'autre admettent le même caractère normatif. Sinon, la compensation des insuffisances du droit resterait (ce qui est fort possible) extérieure au droit". (LUHMANN, N., op.cit., p. 175).

primárias só se transforma em um sistema jurídico quando a ele é acrescido o conjunto de normas secundárias[107].

Assim, nas hipóteses de: (i) ausência do subsistema de normas secundárias, (ii) não observância de suas disposições, ou (iii) insuficiência das trocas efetuadas com o subsistema de normas primárias, a tendência ao crescimento da entropia interna do subsistema de normas primárias fará com que este perca, no todo ou em parte, a sua estrutura.

Em suma, a estruturação do subsistema de normas primárias depende da atuação do subsistema de normas secundárias. É preciso que exista um conjunto de normas, externo ao conjunto de normas de obrigação, que disponha acerca das relações entre elas, diferenciando-as, rotulando-as, estabelecendo quais dependem de outras, quais prevalecem em caso de conflito, se o fundamento de validade de umas está em outras ou não, e assim por diante, para que se possa cogitar na existência de uma estrutura do sistema jurídico.

Além disso, é preciso enfatizar que a estrutura em rede, sobre a qual discorremos anteriormente, não se confunde com um conjunto desconexo e amorfo de normas jurídicas. Isso porque a rede, assim como a pirâmide, também é uma forma de estrutura e, nesse sentido, também possui um determinado grau de ordenação.

---

[107] "[...] Em primeiro lugar, as regras segundo as quais o grupo vive não formarão um sistema, mas serão simplesmente um conjunto de padrões separados, sem qualquer identificação ou marca comum, excepto, claro, a de que são regras aceites por um grupo particular de seres humanos.". (HART, H. L. A., op.cit., p. 102). E, ainda, "[...] A introdução de um correcttivo para cada defeito poderia em si ser considerado um passo na passagem do mundo pré-jurídico para o jurídico, uma vez que cada um desses remédios traz consigo muitos elementos que vão permear o direito: os três remédios em conjunto são sem dúvida o bastante para converter o regime de regras primárias naquilo que é indiscutivelmente um sistema jurídico". (IDEM, p. 103).

A estrutura em rede é apenas menos ordenada do que a estrutura piramidal, já que, naquela estrutura, há maior liberdade de estabelecimento de conexões entre as normas jurídicas do que nesta. Por essa razão, a estrutura em rede é um meio-termo entre uma estrutura piramidal (que representaria o grau máximo de ordenação) e o caos normativo (que representaria a ausência de qualquer ordenação)[108]. Graficamente, podemos representar as estruturas do sistema jurídico da seguinte forma:

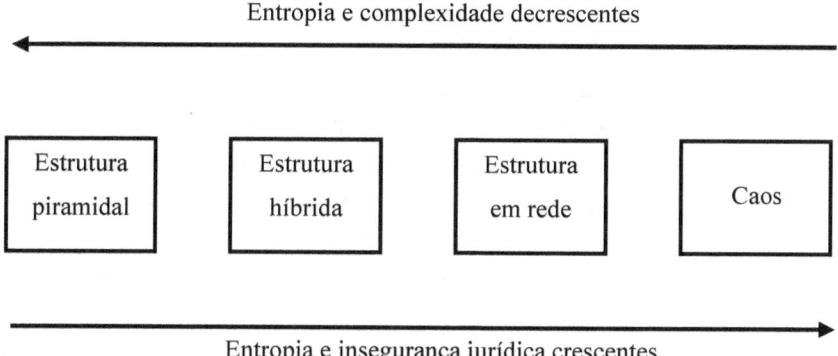

Ilustração 5 - Entropia e as diferentes estruturas do ordenamento jurídico

Por fim, cumpre destacar que, como a pirâmide representa o grau máximo de ordenação do sistema jurídico, a entropia de um sistema jurídico estruturado em forma de pirâmide é mínima. Como, naturalmente, a entropia do sistema jurídico tende a aumentar, a formação e a manutenção de uma estrutura em forma piramidal dependerão de intensas trocas

---

[108] "Ainsi est-il intéressant de souligner d'abord, à la suite d'autres auteurs, que le reseau ne permet pas seulement d' «opposer une forme générale à la pyramide et à l'arbre, linéaires et hiérarchisés». Cette forme empêche également «de basculer dans le chaos et le désorde», s'inscrivant ainsi «à mi-chemin entre l'arbre et le chaos, entre un ordre linéaire et hiérarchisé et un désordre absolu»". (KERCHOVE, M. van de. **De la pirâmide au réseau**: pour une théorie dialectique du Droit. Bruxelas: Facultes Universitaires Saint-Louis, 2002, p. 25).

entre os subsistemas de normas primárias e secundárias, razão pela qual podemos afirmar que a estrutura piramidal depende fortemente da atuação do subsistema de normas secundárias.

Nesse sentido, entendemos que a tendência natural de aumento da entropia interna do sistema jurídico está relacionada à liberdade que os órgãos dotados de competência normativa possuem, segundo as normas secundárias, de estabelecer distintas conexões entre as normas que compõem o sistema jurídico. Isso decorre do fato de que, como destaca Losano, "sem uma ordem rígida, a gente se move em todas as direções do ordenamento em exame"[109].

O subsistema de normas secundárias faz com que o sistema jurídico adquira uma estrutura qualquer, piramidal ou não, na medida em que limita, em maior ou menor grau, a liberdade do legislador e do juiz de *se moverem em todas as direções do ordenamento*, produzindo e relacionando as normas do sistema (gerais ou individuais) como bem entenderem.

Assim, a atuação do subsistema de normas secundárias, a fazer com que o sistema jurídico adquira uma determinada estrutura, se dá pela imposição de limites ao exercício do poder normativo pelo legislador e pelo juiz. Quanto mais rígidos forem esses limites, menor será a entropia do sistema jurídico. Por outro lado, quanto maior a liberdade conferida ao legislador e ao juiz, maior será a entropia do sistema jurídico.

Nesse sentido, podemos dizer que existe relação entre a rigidez de um sistema jurídico e a segurança jurídica por ele proporcionada. Quanto mais rígido é o sistema jurídico, mais segurança ele provê. Por outro lado, quanto mais flexível é o sistema jurídico, maior é a incerteza jurídica[110]. A perda de

---

[109] LOSANO, M. G. op.cit., 2005, p. 282.
[110] "No decorrer de sua história secular, os grandes sistemas jurídicos chegam a um ponto em que a virtude da flexibilidade se volta contra eles mesmos, sob a forma de incerteza do direito: a adaptação a situações

uma parcela da segurança jurídica é, portanto, o "preço" que se paga por uma maior flexibilidade do sistema jurídico.

3.6.3   A complexidade do sistema jurídico

Outro conceito que merece destaque é o de complexidade. O termo é frequentemente utilizado sem qualquer critério, podendo, a depender do autor e do contexto no qual é usado, ter conotações distintas. O dicionário Aurélio fornece dois sentidos para o adjetivo "complexo", que são totalmente diversos. Pode-se adjetivar de complexo tanto um objeto "que abrange ou encerra muitos elementos ou partes", quanto um objeto que seja "confuso, complicado ou intricado".

A primeira acepção do termo é mais quantitativa, já que leva em conta o número de elementos ou partes que compõem o objeto. De acordo com essa acepção, quanto maior for o número de elementos de um determinado objeto, mais complexo ele será. Por outro lado, a segunda acepção tem um cunho mais qualitativo, pois considera as relações entre os elementos ou partes que compõem o objeto.

Bobbio distingue os ordenamentos simples dos complexos com base na quantidade de fontes das quais as normas jurídicas derivam. Para ele, os ordenamentos jurídicos são simples quando as normas jurídicas são derivadas de uma fonte e complexos quando as normas são derivadas de mais de uma fonte[111].

---

socioeconômicas antagônicas provoca a adoção de disposições igualmente antagônicas, enquanto a permanência de disposições então inúteis ofusca uma clara percepção das normas ainda válidas. A adaptabilidade do direito desemboca, assim, na incerteza jurídica, e o legislador se vê obrigado a restabelecer o equilíbrio aumentando sua certeza em detrimento da flexibilidade". (LOSANO, M. G., op.cit., 2007, pp. 34-35).

[111] "Podemos distinguir os ordenamentos jurídicos em *simples* e *complexos*, conforme as normas que os compõem derivem de uma só fonte ou de mais de uma. Os ordenamentos jurídicos, que constituem a nossa experiência de

Diferentemente de Bobbio, Le Moigne adota uma definição de complexidade que não é baseada na quantidade de fontes, mas, sim, no tipo de relação entre os elementos que compõem o sistema[112].

Para Le Moigne, se o sistema for composto por um grande número de elementos, mas seus elementos forem conectados única e exclusivamente por meio de conexões abertas, esse sistema não será complexo, mas, sim, complicado, possuindo uma estrutura ramificada em forma de árvore.

Por outro lado, se uma parte dos elementos que compõem o sistema estiver conectada por conexões abertas e a outra por conexões fechadas, ou, então, se todos os elementos estiverem conectados apenas por conexões fechadas, o sistema será complexo, ainda que tenha um pequeno número de elementos, possuindo ou uma estrutura em rede ou uma estrutura híbrida, parte em forma de rede, parte em forma de árvore.

Uma das características dos sistemas jurídicos hierárquicos é a sua previsibilidade, já que as relações entre as normas jurídicas são dedutivas e lineares, em virtude da inexistência de conexões circulares entre elas. Por outro lado, os sistemas jurídicos cuja estrutura é em rede são mais

---

historiadores e de juristas, são complexos". (BOBBIO, N., op.cit., 1999, p. 37).

[112] "Extraiu daí uma distinção muito operacional entre os sistemas *complicados* (processadores numerosos conectados unicamente por relações arborescentes) e os sistemas *complexos* (processadores que, sem serem necessariamente numerosos, estão conectados também por relações retromissoras: o que se identifica ao observar que a parte da matriz abaixo da diagonal principal contém pelo menos alguns valores não nulos)". (LE MOIGNE, J-L., op.cit., p. 142).

imprevisíveis, em razão das circularidades entre as normas que os compõem[113].

Com base nessa definição, podemos distinguir duas situações distintas, no que se refere a aumento ou diminuição da complexidade nos sistemas jurídicos e, portanto, quanto à maior ou menor previsibilidade destes.

Se o sistema jurídico for complicado, isto é, se as normas jurídicas forem conectadas apenas por conexões abertas, a estrutura será piramidal e o número de normas que o compõem poderá aumentar indefinidamente, sem que isso acarrete qualquer aumento em sua complexidade. Nesse caso, podemos afirmar que o aumento ou a variação do número de normas do sistema não possui qualquer influência na sua complexidade.

Ao contrário, em um sistema jurídico complicado, quanto maior for o número de normas, menor será a margem de interpretação do juiz e, portanto, mais segurança ele proporcionará. Isso se dá pelo fato de que, nos sistemas jurídicos em forma de pirâmide (kelseniana), as decisões judiciais são atos executivos das normas que lhe são superiores, sendo extraídas dedutivamente destas.

Se o sistema jurídico, nesse caso, possuir um grande número de normas, maior quantidade de situações estará regulada e, portanto, bastará ao juiz buscar no ordenamento jurídico a norma que regula, em abstrato, o caso concreto que está a demandar uma decisão.

Para que um sistema jurídico complicado se torne complexo ou, em outras palavras, para que uma estrutura em pirâmide se transforme em uma estrutura em rede, é preciso, então, que haja uma alteração, não na quantidade de normas do sistema, mas, sim, no tipo de conexão entre elas; ou seja, é

---

[113] "Mientras que los sistemas complicados son perfectamente previsibles en la medida en que la articulación entre sus elementos es puramente deductiva y lineal, los sistemas complejos son más imprevisibles". (KERCHOVE, M. van de., op.cit., 1997, p. 105).

preciso que algumas ou todas as conexões abertas desse sistema se tornem fechadas, fazendo com que uma parte ou todas as normas jurídicas passem a se conectar de forma circular e não mais linear.

Assim, se o sistema jurídico for complexo, isto é, se suas normas forem conectadas por conexões abertas e fechadas ou apenas por conexões fechadas, tanto o aumento na quantidade de normas, quanto o aumento no número de conexões fechadas (se algumas ainda forem abertas) acarretarão um aumento na sua complexidade e, consequentemente, na insegurança gerada pelo sistema.

Inversamente, a diminuição da complexidade desses sistemas e, portanto, o aumento da segurança jurídica dependerá da diminuição da quantidade de normas ou da transformação de parte ou da totalidade das conexões fechadas (circulares) em conexões abertas (lineares).

A eliminação total das conexões fechadas de um sistema jurídico complexo, por meio de sua transformação em conexões abertas, fará com que ele deixe de ser complexo e passe a ser um sistema apenas complicado, com uma estrutura piramidal.

Dessa forma, podemos dizer que a segurança jurídica dependerá do tipo de relação entre as normas jurídicas que compõem o sistema jurídico. Como essas relações são estabelecidas pelas normas secundárias, estas é que, em última análise, farão com que o sistema jurídico seja mais ou menos complexo e, portanto, mais ou menos imprevisível.

4 AS CAUSAS DA INSEGURANÇA JURÍDICA

Vimos no capítulo anterior que a estrutura do sistema jurídico é resultado das relações entre as normas que o compõem. Dessa forma, só há alteração na estrutura do sistema quando há alguma também nessas relações (por exemplo, quando uma relação linear passa a ser circular).

Maior ou menor segurança jurídica, decerto, sob o aspecto estrutural, depende não apenas da atividade desenvolvida pelo legislador, mas, sobretudo, da atividade desempenhada pelo juiz, já que a atividade do Poder Executivo não afeta a estrutura do ordenamento jurídico. Isso porque, este Poder não tem geralmente competência para questionar a validade das leis que deve regulamentar e aplicar. Somente em situações excepcionais, de flagrante inconstitucionalidade, o Chefe do Poder Executivo pode apenas determinar aos seus subordinados que deixem de cumprir determinada lei[114].

Nessas situações, mesmo reconhecendo a inconstitucionalidade de uma lei, o Poder Executivo não produz norma alguma que substitua, ainda que com âmbito limitado, o comando previsto na lei tida por inconstitucional. O máximo que o Chefe do Poder Executivo pode fazer é tornar

---

[114] "O Poder Executivo, assim como os demais Poderes de Estado, está obrigado a pautar sua conduta pela estrita legalidade, observando, primeiramente, como primado do Estado Democrático de Direito, as normas constitucionais. Dessa forma, não há como exigir-se do chefe do Poder Executivo o cumprimento de uma lei ou ato normativo que entenda flagrantemente inconstitucional, podendo e devendo, licitamente, negar-se cumprimento, sem prejuízo do exame posterior pelo Judiciário. [...] Portanto, poderá o Chefe do Poder Executivo determinar aos seus órgãos subordinados que deixem de aplicar administrativamente as leis ou atos normativos que considerar inconstitucionais". (MORAES, A de. **Direito Constitucional**. 17. ed., São Paulo: Atlas, 2005, pp. 628-629).

uma lei, que ele entende inconstitucional, ineficaz em relação à Administração Pública, sem que isso afete a sua validade.

Por essa razão, entendemos que este trabalho deveria focar as atividades desempenhadas pelos Poderes Legislativo e Judiciário. Com relação às atividades desempenhadas pelo legislador e pelo juiz, devemos nos lembrar de que ambos também podem ser considerados sistemas e, portanto, também podem ser modelizados, mediante o estabelecimento de modelos que sejam ao mesmo tempo homomorfos de cada um deles e isomorfos do Sistema Geral[115]. Com efeito, podemos dizer que quaisquer pessoas, sejam elas ou não legisladores e juízes, podem ser consideradas sistemas, já que todas estão *inseridas em um determinado meio*, no qual *desempenham uma determinada atividade, visando determinadas finalidades.*

Assim, ao analisarmos a atividade de produção de normas jurídicas, desempenhada tanto pelo legislador, quanto pelo juiz, não podemos nos esquecer de que cada qual desenvolve essa atividade, visando a finalidades distintas. O legislador tem o dever de assegurar que o sistema jurídico seja capaz de garantir segurança jurídica aos indivíduos. O juiz, ainda que utilize como fundamento de uma decisão qualquer o princípio da segurança jurídica, não tem esse dever, pois a finalidade principal de sua atividade é fazer justiça nos casos concretos que demandam uma decisão.

Além disso, é preciso lembrar que o sistema jurídico pode ser visto sob dois prismas: o das normas jurídicas

---

[115] "Ao modelizar, o observador não tem de poder ser também sistemografado como qualquer outro objecto, mesmo por si próprio? Ele constrói assim um modelo sistémico de si mesmo, que deve poder identificar e cujas finalidades e ambiente deve descrever: esse modelo do observador, isomorfo, por seu lado, do Sistema Geral, será o Sistema de Representação inerente a toda a sistemografia. Um tal Sistema de Representação concebe-se e portanto constrói-se, modifica-se, aperfeiçoa-se. [...] *A própria intervenção sobre um sistema deve ser concebida como um sistema*, precisa J. Mélèse (1972, p. 79) numa feliz fórmula". (LE MOIGNE, J-L., op.cit., p. 100-101).

positivas e o dos enunciados sobre essas normas jurídicas positivas. O primeiro é chamado de sistema objetivo ou real, enquanto o segundo é denominado de sistema lógico ou científico[116]. Apesar de estarem intimamente relacionados, já que o segundo deve corresponder o mais fielmente possível ao primeiro, eles estão em planos distintos.

Quando tratarmos a seguir das atividades desempenhadas pelo legislador e pelo juiz, estaremos nos referindo à atividade de produção normativa, seja ela em caráter geral ou individual, e, portanto, à contribuição de cada um deles para a formação do sistema jurídico objetivo ou real.

Como vimos anteriormente, a complexidade do sistema jurídico, que é uma das causas da insegurança jurídica, aumenta quando há um acréscimo no número de relações circulares entre as normas jurídicas ou na quantidade de normas que compõem o sistema, quando este não possui uma estrutura puramente hierárquica.

4.1 Causas estruturais da insegurança jurídica

Como apontado alhures, as causas estruturais da insegurança jurídica são aquelas que aumentam a complexidade do sistema jurídico: o aumento da quantidade de normas jurídicas que compõem o sistema e a transformação das relações lineares entre as normas jurídicas em relações circulares, fazendo com que o sistema abandone uma estrutura

---

[116] "Deve-se, assim, distinguir sempre duas formas ou, melhor, dois prismas do sistema: por um lado, o sistema de conhecimentos, que EISLER, na definição citada, chama de «lógico» e que, na sequência, de modo mais genérico, será apelidado de «científico» e, por outro, o sistema dos objectos do conhecimento, a propósito do qual, com razão, EISLER fala de sistema «objectivo» ou «real». Ambos estão, de facto, em conexão estreita, devendo o primeiro ser «o correspondente o mais fiel possível» do último, de modo a que a elaboração científica de um objecto não desvirtue este, falseando, com isso, a sua finalidade". (CANARIS, C-W., op.cit., p. 13).

piramidal e adquira uma estrutura em rede ou, então, uma estrutura híbrida.

Com relação ao crescimento da quantidade de normas jurídicas, lembramos que, como vimos no item 3.6.3, esse aumento só acarretará um acréscimo da complexidade do sistema jurídico se este possuir uma estrutura em rede ou híbrida. Como a estrutura piramidal, em sua forma pura, é apenas um modelo que não corresponde aos sistemas jurídicos reais, podemos dizer que, no mundo real, o aumento da quantidade de normas que compõem o sistema jurídico leva, sim, a um aumento de sua complexidade e, portanto, da insegurança jurídica.

4.1.1 Aumento da quantidade de normas jurídicas

Atualmente, os modernos sistemas jurídicos são compostos por um número incalculável de normas jurídicas, que não para de crescer a cada dia. Ainda que fosse possível contar o total de leis ordinárias e complementares, de decretos, regulamentos, portarias, instruções normativas e outros atos normativos, produzidos em um país qualquer, como cada ato desses contém um sem-número de normas, seria praticamente impossível calcular a quantidade de normas em vigor. A essas normas de caráter geral, produzidas pelos órgãos estatais, acrescentem-se, ainda, as decisões judiciais e todas as normas jurídicas produzidas por particulares.

Como esses modernos sistemas jurídicos não possuem uma estrutura em forma piramidal (pura), à medida que a quantidade de normas jurídicas cresce, aumenta a complexidade do sistema e, consequentemente, diminui a sua capacidade de gerar segurança às pessoas. Tal fato é agravado pela presunção, imposta por muitos desses sistemas jurídicos, de que as pessoas conhecem (ou pelo menos deveriam conhecer) todas essas normas[117] e, portanto, não podem se valer do argumento do desconhecimento como razão para o seu descumprimento[118].

4.1.2 Transformação das relações lineares em relações circulares

A segunda causa estrutural da insegurança jurídica está na transformação das relações lineares entre as normas jurídicas em relações circulares. Isso pode ocorre de duas formas: com e sem uma quebra expressa da hierarquia normativa. No primeiro caso, a relação linear e hierárquica entre a lei e a decisão judicial é eliminada; no segundo, ela é apenas relativizada.

4.1.2.1 Circularidade com quebra expressa da hierarquia normativa

A circularidade entre as normas com quebra expressa da hierarquia normativa ocorre quando uma norma hierarquicamente inferior, que deveria retirar o seu fundamento de validade da norma superior, declara a invalidade desta. Esse é o caso, por exemplo, de uma decisão judicial que declara a inconstitucionalidade de uma lei.

Quando isso ocorre, como o juiz não pode se furtar a decidir o caso concreto, ele é forçado a decidi-lo com base em

---

[117] No Brasil, essa presunção está contida no artigo 3º do Decreto-Lei nº 4.657, de 4.9.1942, que aprovou a Lei de Introdução ao Código Civil Brasileiro.

[118] "[...] As normas positivas, certas e difusas, correm o risco de cair de novo na incerteza devido à impossibilidade de se encontrar a norma específica procurada. No entanto, o mesmo ordenamento jurídico, em que o cidadão não consegue mais encontrar a norma positiva que lhe serve, pressupõe que ele conheça todas as normas: *ignorantia legis non excusat*". (LOSANO, M. G., op.cit., 2007, p. 15).

parâmetros outros, que não os previamente estabelecidos na lei declarada inconstitucional: em normas constitucionais, em princípios gerais de Direito ou até mesmo na equidade. A insegurança jurídica ensejada por situações como essa reside no fato de que esses outros fundamentos utilizados pelo juiz para decidir o caso concreto são mais abstratos do que a lei declarada inconstitucional.

Como é sabido, quanto mais abstrata é a norma a ser aplicada, maior a margem de discricionariedade do órgão que irá aplicar a norma e, portanto, maior é a variabilidade das normas produzidas com fundamento nessa norma mais abstrata.

Quando o juiz declara uma determinada lei inconstitucional e passa a decidir o caso concreto com base apenas na Constituição Federal e nos princípios gerais de Direito, sua margem de atuação é muito maior, já que, nesse caso, não está mais preso aos limites previamente fixados na lei.

Além disso, não se pode esquecer de que, quando o controle de constitucionalidade das leis é feito de forma difusa, a declaração de inconstitucionalidade de uma lei tem efeito apenas entre as partes do processo e, portanto, a lei continua válida para todas as demais pessoas. Como, via de regra, os juízes não estão obrigados a observar as decisões proferidas por outros órgãos do Poder Judiciário, a declaração de inconstitucionalidade feita por um juiz, mediante um controle difuso, não enseja para as demais pessoas que não são parte naquele processo nenhuma segurança de que, se forem a juízo e alegarem a inconstitucionalidade da mesma lei, ela será também declarada inconstitucional, nos seus casos específicos.

São essas as razões que fazem da declaração de inconstitucionalidade de uma lei uma fonte de insegurança jurídica estrutural.

4.1.2.2 Circularidade sem quebra expressa da hierarquia normativa

A circularidade entre as normas, sem quebra expressa da hierarquia normativa, ocorre quando a norma superior é de tal forma abstrata que a sua compreensão depende de uma interpretação conjunta desta com outra norma, de hierarquia inferior, que complementa o seu sentido.

Como se sabe, as normas não meramente executivas e que, por essa razão, regulam a produção de outras normas jurídicas, sejam estas de caráter geral ou individual, geralmente definem, em maior ou menor grau, o conteúdo das normas que serão produzidas com fundamento em si próprias.

Na medida em que o legislador, por motivos que extrapolam os limites do presente trabalho, edita leis de conteúdo principiológico ou, então, as faz se valendo de cláusulas gerais, ele deixa ao juiz a tarefa de complementar o seu sentido, por meio da atividade jurisdicional.

Nesses casos, não é possível, apenas da interpretação do texto legal, prever as consequências jurídicas de uma determinada conduta, uma vez que o significado e a extensão da norma legal dependem de sua aplicação no caso concreto[119], de tal forma que só se saberá o verdadeiro alcance da lei depois que ela for aplicada pelo Poder Judiciário.

O problema dessa complementação do sentido da lei pelo Poder Judiciário é que a lei é eficaz, salvo algum período de

---

[119] "Enfin, l'on peut signaler le fait paradoxal que la pratique interprétative des juridictions n'a pas seulement pour conséquence de déjouer partiellement le rapport de subordination qui s'établit entre elles et les règles qu'elles sont appelées à appliquer. Elle a encore pour conséquence fréquente de déjouer le rapport hiérarchique censé exister entre la règle interprétée et celles qui lui sont subordonnées, dans la mesure où il est fréquent qu'une telle règle soit interprétée en fonction de l'aplication effective qui en est faite par les règles qui en assurent l'exécution". (KERCHOVE, M. van de., op.cit., 2002, p. 100).

vacatio legis, logo após a sua publicação. A partir desse momento, as pessoas já estão sujeitas às consequências jurídicas de sua observância ou não, independentemente de qualquer decisão judicial sobre a matéria.

Como a lei já é plenamente eficaz e a pessoa precisa orientar suas condutas em razão da edição da mesma, de duas uma: ou ele próprio a interpreta dentro de suas possibilidades e conhecimentos ou, se tiver condições para tanto, ele contrata alguém que tenha um conhecimento jurídico maior do que o seu para interpretar a lei e orientá-lo.

Ocorre que, quando o conteúdo da lei é indeterminado, várias são as interpretações possíveis para ela. Isso significa que existe grande probabilidade de que a sua interpretação da lei, ou, então a de seu consultor jurídico, não seja a mesma adotada pelo Poder Judiciário, se e quando este for demandado a interpretá-la. Assim, o real significado da lei só será conhecido pela pessoa por meio de uma eventual e futura decisão judicial.

A insegurança jurídica decorre do fato de que, se e quando referida lei vier a ser interpretada pelo Poder Judiciário, a decisão judicial que for proferida terá efeito retroativo[120], pois quando o juiz aplica a lei a um caso concreto, o sentido que ele dá à lei não tem efeito *ex nunc*.

---

[120] "Se, com leis formuladas axiologicamente e traduzidas excessivamente em cláusulas gerais e normas vagas, caberá ao juiz de fato definir o sentido e o alcance da lei, na verdade só se firmará o teor da norma legal depois que o julgador lhe atribuir o resultado que entender de lhe conferir. A lei, na realidade, só existirá como preceito depois que o juiz completar a normatização apenas iniciada pelo legislador. O jurisdicionado somente virá a conhecer a regra de cuja violação é acusado depois de julgado pela sentença. Isso representa, em termos crus, uma verdadeira eficácia retroativa para a norma. Se ela só se fez completa e inteligível após o julgamento do fato, a consequência é que a norma tal como foi aplicada não existia ao tempo da ocorrência do mesmo fato. Ou, pelo menos, o seu destinatário somente a pôde conhecer, em toda extensão, depois da sentença". (THEODORO JÚNIOR, H. A onda reformista do direito

Como o juiz decide sempre acerca de fatos passados, o sentido que ele der à lei será aquele que esta "sempre teve", desde que se tornou eficaz. Logo, com relação ao sentido da lei, a decisão judicial tem um caráter declaratório, com efeitos *ex tunc*.

Assim, quanto mais abstrata for uma lei, mais dependente da atividade jurisdicional será a determinação de seu sentido. Como esta ocorre, geralmente, apenas depois da edição da lei, existe um período no qual a pessoa já está sujeita às consequências jurídicas da observância ou não da lei, contudo, não tem como saber qual o real sentido que a lei terá, ensejando, assim, uma insegurança jurídica.

4.2   O legislador e a complexidade do sistema jurídico

O legislador contribui para o aumento da complexidade do sistema jurídico de quatro formas principais: mediante a edição de leis desnecessárias, da não revogação expressa das leis anteriores, da edição de leis inconstitucionais e da edição de leis abstratas.

4.2.1   *A edição de leis desnecessárias*

A primeira forma por meio da qual o legislador contribui para o aumento da insegurança é com a edição de leis desnecessárias. Muitas vezes, premidos pela pressão popular ou por interesses setoriais, os legisladores editam novas leis a fim de regular fatos já regulados pelas leis vigentes, aumentando, assim, a complexidade do sistema jurídico.

Não raramente, vemos leis, que vigoram há muitos anos e sobre as quais já existe uma jurisprudência sedimentada,

---

positivo e suas implicações com o princípio da segurança jurídica. **Revista da Escola da Magistratura do Estado do Rio de Janeiro**, Rio de Janeiro, v. 9, n. 35, 2006).

serem alteradas sem qualquer razão relevante, fazendo com que surjam, novamente, divergências relativas à interpretação da nova lei, que demandarão um determinado tempo para serem solucionadas.

Se, como vimos anteriormente, a segurança jurídica é uma finalidade comum ao sistema jurídico e o legislador tem o dever de, na sua atividade, buscar tal finalidade, ele deve se abster de editar leis desnecessárias, já que estas levarão a um aumento da complexidade do sistema jurídico e, consequentemente, da insegurança jurídica.

4.2.2 A não revogação expressa das leis anteriores

A segunda é quando o legislador produz diversas leis sobre uma mesma matéria e não revoga, expressamente, por meio da lei nova, no todo ou em parte, as leis anteriores. Isso faz com que, a princípio, todos os dispositivos legais sobre a matéria não expressamente revogados sejam considerados válidos, cabendo ao intérprete dizer quais foram tacitamente revogados pela lei nova.

Como o resultado da interpretação varia conforme o intérprete, seja ele um cidadão, um doutrinador ou um juiz, alguns chegarão a concluir que determinados dispositivos foram tacitamente revogados e outros não.

O efeito da não revogação expressa das normas anteriores sobre a complexidade do sistema jurídico nesse caso é duplo, pois, além de aumentar o número de normas do sistema, o que por si levaria a um aumento de sua complexidade, ao não revogar expressamente as leis anteriores, o legislador estabelece uma relação circular entre as leis que regulam uma mesma matéria, que passam a ser interpretadas em conjunto, uma à luz da outra.

Um exemplo recente foi o da edição da Lei Federal nº 10.409/2002, que dispôs sobre a "prevenção, o tratamento, a fiscalização, o controle e a repressão à produção, ao uso e ao tráfico ilícitos de produtos, substâncias ou drogas ilícitas que causem dependência física ou psíquica, assim elencados pelo Ministério da Saúde".

A matéria estava regulada, até então, pela Lei Federal nº 6.368/1976 não revogada expressamente pela nova lei. Nos primeiros anos de vigência da Lei Federal nº 10.409/2002, surgiram enormes debates na doutrina e grandes divergências na jurisprudência acerca do procedimento penal a ser adotado nos crimes previstos na Lei Federal nº 6.368/1976, tendo em vista que tanto esta quanto a nova Lei continham dispositivos processuais conflitantes.

A celeuma só foi resolvida em 2006, por meio da edição de outra Lei Federal, de nº 11.343, que dispôs sobre a matéria tanto sob o ponto de vista do Direito material, quanto do processual penal, e expressamente revogou as duas leis anteriores.

4.2.3   A edição de leis flagrantemente inconstitucionais

A terceira forma pela qual o legislador contribui para o aumento da complexidade do sistema jurídico é pela edição de leis flagrantemente inconstitucionais, quer por ignorância[121], quer por má-fé, ou até mesmo para agradar uma parcela do eleitorado. Na medida em que o sistema jurídico prevê um controle, difuso e/ou concentrado de constitucionalidade das leis, cedo ou tarde[122], a conformidade dessas leis com a Carta Magna será contestada.

---

[121] A palavra foi utilizada no sentido de ausência de conhecimento jurídico, sem qualquer conotação pejorativa.

[122] Como exemplo, mencionamos a ADI 4026, ajuizada perante o Supremo Tribunal Federal em 18 de fevereiro de 2008, com o objetivo de ver declarada a inconstitucionalidade de parte de um dispositivo de uma Lei do Distrito Federal de 1989.

Quando uma lei flagrantemente inconstitucional é editada, ações são ajuizadas aos borbotões, fazendo com que surja, entre cada uma dessas decisões judiciais e a lei tida por inconstitucional, uma conexão circular, que leva a um aumento da complexidade do ordenamento jurídico e, portanto, da insegurança jurídica.

4.2.4 A edição de leis de conteúdo abstrato

Por fim, a quarta forma pela qual o legislador contribui para o aumento da insegurança jurídica é por meio da edição de leis deveras abstratas, de conteúdo indeterminado. Ao proceder dessa forma, o Poder Legislativo transfere ao Poder Judiciário a competência para complementar a legislação por meio da atividade jurisdicional.

Isso também faz com que surja, como já visto, uma relação circular entre a lei e a decisão judicial, que leva a um aumento da complexidade do sistema jurídico e, consequentemente, da insegurança jurídica ensejada por ele.

4.3 O juiz e a complexidade do sistema jurídico

O juiz contribui para o aumento da complexidade do sistema jurídico e, consequentemente, para o crescimento da insegurança gerada pelo sistema jurídico, de três formas: quando declara a inconstitucionalidade de uma lei, quando decide além dos limites previstos na lei aplicável ao caso concreto e quando decide de forma contrária à jurisprudência dominante.

4.3.1 A declaração da inconstitucionalidade de uma lei

Como é sabido, o controle de constitucionalidade das leis pelo Poder Judiciário pode se realizar de forma difusa ou concentrada. No primeiro caso, pode ser feito por qualquer órgão do Poder Judiciário e seus efeitos são limitados às partes processuais. No segundo, é realizado por determinados órgãos judiciais e a declaração de inconstitucionalidade de uma lei tem efeito *erga omnes*. Quando o controle de constitucionalidade é feito de forma concentrada, com efeito *erga omnes*, a insegurança jurídica gerada pela invalidação da lei é menor do que a causada quando o controle é exercido de forma difusa.

Isso porque, no controle concentrado, a declaração de inconstitucionalidade de uma lei faz com que esta perca totalmente sua eficácia, inexistindo a possibilidade de vir a ser aplicada desde então. A insegurança jurídica produzida pela declaração da inconstitucionalidade de uma lei de forma concentrada e que terá que ser tratada pelo órgão judicial competente para exercer tal controle, diz respeito única e exclusivamente aos efeitos jurídicos produzidos pela lei antes da declaração de sua inconstitucionalidade[123].

No controle difuso, dois são os fatores de aumento da insegurança jurídica. O primeiro é o de que, nesse caso, o controle tem efeitos apenas para as partes processuais e, portanto, ainda que declarada a inconstitucionalidade de uma lei por um órgão judicial qualquer, ela continua válida e eficaz perante todas as demais pessoas que não são parte no processo em que foi declarada a inconstitucionalidade da lei.

O segundo fator é o de que, ao declarar a inconstitucionalidade de uma lei e, portanto, afastar a

---

[123] No caso brasileiro, a Lei Federal nº 9.868/1999, que regula "o processo e julgamento da ação direta de inconstitucionalidade e da ação declaratória de constitucionalidade perante o Supremo Tribunal Federal", permite, em seu artigo 27, que o Supremo, ao declarar a inconstitucionalidade de lei ou ato normativo, em vista de razões de segurança jurídica ou de excepcional interesse social, por maioria de dois terços de seus membros, restrinja os efeitos da declaração desde seu trânsito em julgado ou de outro momento qualquer.

incidência desta no caso concreto, o juiz, como tem o dever de decidir a lide, passa a fazê-lo com base em outras normas que ele entende ser aplicáveis.

Além disso, deve-se chamar a atenção para o fato de que, na prática forense, verificamos que o controle de constitucionalidade das leis não é feito pelos juízes, apenas com base em critérios formais que levariam a uma inconstitucionalidade total da lei, mas, também, com base em critérios empíricos e axiológicos, que podem levar a um reconhecimento parcial da validade de uma lei[124]. Isso faz não apenas com que aumentem as hipóteses de declaração da inconstitucionalidade de uma lei, mas, também, com que seus efeitos sejam os mais variados possíveis.

Sob o ponto de vista estrutural, em ambos os casos, o aumento da complexidade e, portanto, da insegurança jurídica, é causado pelo estabelecimento de conexões circulares entre as leis declaradas, total ou parcialmente, inconstitucionais e as respectivas decisões judiciais.

---

[124] "[...] El proceso de validación es, a la vez, unilateral (toma únicamente en cuenta la validez formal de la regla; su edición conforme a criterios intrasistémicos), absoluto (conduce a resultados carentes de matices; se declarará una regla como absolutamente válida o nula) y jerarquizado (apreciándose siempre la validez en términos de su fundamento lo que necesariamente supone la comparación de una norma inferior con una norma superior). Ahora bien, parece ser que si queremos dar cuenta de cómo es el juicio de validez en la práctica jurídica tendremos que presentarlo como plural (basado en criterios formales, pero también empíricos y axiológicos), relativo (susceptible de presentar intensidades y, por consiguiente, efectos muy variables) y circular (no sólo se produce de arriba abajo, sino como resultando de una continua interacción entre el conjunto de los actores jurídicos)". (KERCHOVE, M. van de., op.cit., 1997, p. 130).

4.3.2 A decisão judicial além dos limites previstos na lei

Situação diversa é aquela em que o juiz reconhece a validade da lei, mas não é cingido aos limites por ela impostos, produzindo uma norma jurídica de caráter individual que obriga a pessoa a fazer ou deixar de fazer algo que não está previsto em lei.

Essa situação ocorre quando o magistrado, fundado ou em princípios ou em normas constitucionais, entende que a norma legal é insuficiente para regular o caso concreto.

A insegurança jurídica nesses casos decorre do fato de que a pessoa não tem mais a certeza de que o conjunto de obrigações a que está sujeita encontra-se contido na lei, podendo ser surpreendida, a qualquer momento, por uma decisão judicial que lhe imponha uma nova obrigação, não prevista em lei.

Sob o prisma do Direito Constitucional, essa situação decorre do reconhecimento cada vez maior da eficácia plena e imediata das normas constitucionais, por meio da superação da ideia de que a efetividade do Texto Constitucional dependeria, e, portanto, ficaria à mercê, de uma atuação legislativa.

A ideia de que a Constituição contém normas de plena e imediata eficácia leva, inexoravelmente, à conclusão de que há direitos subjetivos que podem ser extraídos diretamente do Texto Constitucional. Como a concretização desses direitos depende da atuação, positiva ou negativa, de alguém, passam a existir deveres jurídicos igualmente derivados da Constituição.

Com efeito, desde o momento em que se admite a existência de direitos subjetivos assegurados diretamente pela Constituição, tem-se que, em contrapartida, admitir a existência de deveres impostos diretamente pela Constituição.

Como a Constituição não exclui do Poder Judiciário a apreciação de qualquer lesão ou ameaça a direito, aqueles que entendem possuir um direito subjetivo assegurado pelo Texto Constitucional que está sendo violado passam a exigi-lo pela via judicial.

Do outro lado da demanda judicial, encontramos uma parte que passa a ser demandada por uma obrigação não prevista na lei, em termos objetivos, mas na Constituição, em termos genéricos. Nesse caso, o limite de suas obrigações não será mais estabelecido pela lei, mas, sim, pelo alcance e pela eficácia que o Poder Judiciário conceder à norma constitucional.

Esse é o caso, por exemplo, do que vem ocorrendo em nosso País na área de saúde pública. De forma cada vez mais intensa, o Poder Judiciário vem obrigando o Poder Executivo a fornecer aos cidadãos medicamentos que não constam nas listas do Sistema Único de Saúde, sob o argumento de que a lei e sua respectiva regulamentação não podem limitar o direito constitucional à saúde.

Tratando especificamente da questão do fornecimento de medicamentos pelo SUS, em parecer solicitado pela Procuradoria Geral do Estado do Rio de Janeiro, Barroso denomina esse fenômeno de "judicialização excessiva"[125]. Uma das observações feitas pelo hoje Ministro do Supremo Tribunal Federal é no sentido de que, para ser legítima, a "atuação judicial não pode expressar um ato de vontade própria do órgão julgador, precisando sempre reconduzir-se a uma prévia deliberação majoritária, seja do constituinte, seja do legislador"[126].

Nesse sentido, vemos com certa frequência, a criação, por meio de decisões judiciais em ações civis públicas, dos

---

[125] BARROSO, Luís Roberto. **Da falta de efetividade à judicialização excessiva**: direito à saúde, fornecimento gratuito de medicamentos e parâmetros para a atuação judicial. Disponível em <http://www.conjur.com.br/dl/estudobarroso.pdf>.
[126] Idem.

mais variados deveres, que, em muitos casos, não foram impostos pelo próprio legislador. Quando julga além dos limites legais, o juiz inova no ordenamento jurídico, tornando-se uma fonte de normas primárias de obrigação, que podem ter inclusive um caráter geral, quando são produzidas no âmbito de ações de caráter coletivo.

A insegurança jurídica nesse caso decorre do fato de que, ao lado da lei, surge com essa possibilidade, outra fonte de normas primárias que podem ser criadas a qualquer momento sem que a pessoa possa, de alguma forma, contribuir para a sua criação.

Uma vez mais chamamos a atenção para o fato de que, se isso vem ocorrendo em nosso País nos últimos anos, é porque o seu sistema jurídico, mais especificamente o subsistema de normas secundárias, admite a possibilidade de uma decisão judicial impor a uma pessoa ou a uma parcela da sociedade uma obrigação não prevista em lei e esta decisão adquirir validade definitiva, com o seu trânsito em julgado.

4.3.3 A interpretação da lei de forma contrária à jurisprudência dominante

Por fim, a terceira forma pela qual o juiz contribui para o aumento da insegurança jurídica é quando ele interpreta uma lei de forma contrária à jurisprudência dominante.

Não pretendemos adentrar a discussão que se trava na doutrina acerca do caráter normativo da jurisprudência, isto é, se ela é ou não fonte do Direito, haja vista que as posições a favor[127] e contra[128] são defendidas por doutrinadores de escol.

---

[127] "[...] Se uma regra é, no fundo, a sua interpretação, isto é, aquilo que se diz ser o seu significado, não há como negar à Jurisprudência a categoria de *fonte do Direito*, visto como ao juiz é dado armar de obrigatoriedade aquilo que declara ser 'de direito' no caso concreto". (REALE, Miguel. **Lições preliminares do Direito**. 27. ed., São Paulo: Saraiva, 2002, p. 169).

Ainda que não se considere, porém, a jurisprudência dominante uma fonte do Direito, fato é que esta, quando firmada, reduz em certo grau a insegurança jurídica, na medida em que confere às pessoas maior previsibilidade com relação às consequências jurídicas de suas condutas.

Nesse sentido, a decisão judicial que contraria a jurisprudência dominante também é fonte de insegurança jurídica.

4.4 O juiz é uma fonte de desordem do sistema jurídico?

Como vimos, a estrutura piramidal é capaz de produzir o maior grau de segurança jurídica. Entre ela e uma situação caótica, na qual o sistema jurídico não possui estrutura alguma, estão: a estrutura híbrida (parte piramidal, parte em rede) e a estrutura em rede.

Um dos fatores que contribuem para que a estrutura do sistema jurídico passe de uma forma piramidal para uma forma híbrida ou em rede é a liberdade conferida pelo subsistema de normas secundárias aos órgãos do Poder Judiciário, para que estes desempenhem a atividade jurisdicional de modo mais livre, permitindo que eles invalidem as leis que entenderem inconstitucionais, imponham obrigações não previstas em lei e complementem a legislação de conteúdo indeterminado.

Isso significa, então, que a ordem do sistema jurídico estaria sendo quebrada pelo Poder Judiciário? Seria o juiz, sob esse aspecto, uma fonte de desordem do sistema jurídico?

O uso do substantivo *desordem* requer cautela, já que possui conotação pejorativa. Segundo o dicionário Aurélio, o

---

[128] "Em suma, a jurisprudência, no sistema romanístico, é, sem dúvida, 'fonte' *interpretativa* da lei, mas não chega a ser fonte do direito". (FERRAZ JÚNIOR, Tercio Sampaio. **Introdução ao estudo do direito**: técnica, decisão, dominação. 2. ed., São Paulo: Atlas, 1994, p. 248).

substantivo desordem pode significar *confusão*, *desvairamento* e, até mesmo, *loucura*.

Quando falamos em uma ordem, estamos nos referindo a uma disposição, a um arranjo, conveniente para se alcançar um determinado fim[129]. Isso faz com que o substantivo ordem adquira um caráter relativo. Determinada disposição pode ser considerada conveniente e, portanto, ordenada para um determinado fim, mas inconveniente e, portanto, desordenada para outra finalidade.

Assim, o substantivo desordem não significa ausência de ordem, mas, sim, uma ordem conveniente para se alcançar um fim diverso do pretendido. Em outras palavras, a desordem é uma disposição inconveniente para o fim que se almeja[130].

Com relação ao sistema jurídico, sua ordenação dependerá da finalidade pretendida. Ocorre que esta varia de acordo com o Poder Constituído. Para o legislador, são as leis que ordenam o sistema jurídico. As decisões contrárias às leis são fonte de desordem do sistema. Por outro lado, sob a óptica do juiz, não são as leis, mas, sim, as decisões judiciais que ordenam o sistema jurídico. Para o juiz, as leis é que, muitas vezes, são fonte de desordem do sistema.

Por essa razão, não se pode dizer que o Poder Judiciário seja fonte da desordem do sistema jurídico. O juiz apenas ordena o sistema jurídico, segundo um critério diverso do

---

[129] "Toda *ordem*, evidentemente, é uma *disposição*. Mas não é uma disposição qualquer. É uma *certa* disposição, uma disposição *conveniente* de coisas, sendo que a disposição só pode ser considerada *conveniente* quando alcança o fim em razão do qual ela é dada às coisas". (TELLES JÚNIOR, G., op.cit., p. 3).

[130] "A *desordem* não é o contrário da *ordem*, como se costuma pensar. Ela é, isto sim, uma *ordem* contrária a *outra ordem*. [...] *Desordem*, disse ele, é o nome dado à ordem não desejada, não querida, não procurada. É o nome da ordem que desagrada, desgosta, decepciona, prejudica, infelicita, desola. Mas a *desordem* é sempre uma *ordem*, eis o que precisa ficar nem claro". (IDEM, p. 7).

utilizado pelo legislador. Enquanto este realiza a sua atividade com base no critério da viabilidade (seja ela material ou política) da implementação, em uma determinada época, dos comandos constitucionais, aquele desempenha a atividade jurisdicional visando a fazer justiça no caso concreto.

Muitas vezes, o que é viável não é justo. Da mesma forma, sabemos que o justo muitas vezes é inviável. Essa tensão entre viabilidade e justiça se reflete na formação da estrutura do sistema jurídico, pois os dois grandes agentes responsáveis, não apenas pela edição de normas gerais e individuais, mas, sobretudo, pelo estabelecimento das distintas conexões entre elas, geralmente, trabalham com visões distintas do sistema jurídico.

5 POSSÍVEIS SOLUÇÕES PARA A INSEGURANÇA JURÍDICA DE ORIGEM ESTRUTURAL

Examinadas no capítulo precedente as causas estruturais da insegurança jurídica, procuraremos neste segmento apontar algumas possíveis soluções para estas.

Entendemos que as causas apontadas no capítulo anterior decorrem de faculdades atribuídas, pelo subsistema de normas secundárias, aos Poderes Legislativo e Judiciário para o desempenho de suas respectivas atividades.

Quando um juiz profere, por exemplo, uma decisão contrária à jurisprudência dominante, e esta norma de cunho individual é fonte de insegurança jurídica, isso só ocorre porque existe uma norma secundária de adjudicação que possibilita ao juiz decidir o caso concreto, sem ter que observar a jurisprudência dominante.

Da mesma forma, quando o legislador edita uma lei deveras abstrata que aumenta a complexidade do sistema jurídico, e, portanto, leva a um acréscimo da insegurança jurídica, ele o faz com fundamento em uma norma secundária de alteração, que lhe permite editar leis com conteúdos indeterminados.

Chamamos a atenção para esse ponto, porque as atividades desempenhadas pelos Poderes Legislativo e Judiciário, vistas no capítulo anterior, geradoras de insegurança jurídica, não são, por certo, ilícitas, pois desempenhadas nos limites que o próprio sistema jurídico estabelece para o exercício desses Poderes.

Como vimos alhures, a redução da insegurança jurídica depende da diminuição da complexidade do ordenamento jurídico e, portanto, ou da diminuição da quantidade de normas jurídicas, ou da substituição das conexões circulares entre elas por conexões lineares. Essas medidas têm por objetivo fazer com que a estrutura do sistema caminhe paulatinamente em direção ao modelo piramidal, onde a segurança jurídica, sob o ponto de vista estrutural, é máxima e a entropia é mínima.

Para que isso seja possível, é preciso alterar o subsistema de normas secundárias, de forma a limitar o exercício dos Poderes Legislativo e Judiciário, impedindo-os de produzir normas, gerais ou individuais, que aumentem a complexidade do sistema jurídico. Isso porque, na ausência de normas secundárias que controlem e limitem o exercício desses Poderes, eles serão exercidos livremente, fazendo com que o sistema jurídico tenda naturalmente para um estado de maior entropia que, em termos estruturais, corresponde a uma estrutura em rede.

Com base nessas observações, propomos sete possíveis soluções para diminuir a entropia do sistema jurídico e, assim, aumentar a segurança jurídica produzida por ele, todas por meio de alterações no subsistema de normas secundárias.

5.1 Verificar a necessidade de edição de uma lei

Para diminuir a complexidade do sistema jurídico causada pelo aumento da quantidade de normas jurídicas de caráter geral editadas pelo Poder Legislativo, seria preciso limitar o exercício desse Poder de forma a impedi-lo de editar leis desnecessárias. Imaginamos algo semelhante ao que está sendo feito no âmbito da OCDE[131].

Em março de 1995, o Conselho da OCDE editou uma Recomendação sobre a Melhoria da Qualidade da Regulamentação Oficial[132]. Por meio dessa Recomendação, a

---

[131] A referência ao Projeto AIR da OCDE é de MARTINO.
[132] OCDE, Recommendation of The Council of the OECD on Improving the Quality of Government Regulation, adotada em 9 de março de 1995,

OCDE sugeriu aos Países-Membros[133] que, antes de editarem qualquer norma de caráter geral, incluindo leis, decretos, resoluções e outras espécies normativas, fizessem um "check-list" acerca da necessidade de sua edição.

Esse "check-list", que se encontra anexo à referida Recomendação, é constituído de dez perguntas que todos os órgãos com a devida competência normativa devem fazer antes de produzir mais normas:

Pergunta n° 1:O problema está corretamente definido?

Pergunta n° 2:A intervenção estatal é necessária?

Pergunta n° 3:A normatização é a melhor forma de intervenção estatal?

Pergunta n° 4:Qual o fundamento jurídico da normatização?

Pergunta n° 5:Qual(is) é(são) a(s) esfera(s) governamental(is) apropriada(s) para agir?

Pergunta n° 6:Os benefícios da normatização justificam os seus custos?

Pergunta n° 7:A distribuição dos efeitos sobre a sociedade é transparente?

Pergunta n° 8:A normatização é clara, coerente, compreensível e acessível aos indivíduos?

Pergunta n° 9:Todas as partes interessadas tiveram oportunidade de expor seus pontos de vista?

Pergunta n° 10: Como o respeito à normatização será assegurado?

No nosso caso, como estamos propondo uma medida que limite o exercício do Poder Legislativo, ela não poderá ser uma

---

Disponível em <http://acts.oecd.org/Instruments/ShowInstrumentView.aspx?InstrumentID=128&InstrumentPID=124&Lang=en&Book=False>.
[133] O Brasil não é membro da OCDE.

mera recomendação, pois, se assim o for, não terá eficácia alguma. Nossa sugestão é a edição de uma norma secundária que, dispondo sobre o processo legislativo, obrigue o legislador a, antes de editar uma nova lei, verificar se ela é necessária, por meio de um "check-list" parecido com esse proposto pela OCDE.

Essa norma secundária deveria, ainda, dispor que a comprovação da necessidade da edição de uma nova lei é requisito formal de sua validade, permitindo, assim, que as leis editadas sem essa comprovação pudessem ser invalidadas por vício de forma.

5.2   Consolidar a legislação vigente

A segunda solução possível para se diminuir a insegurança jurídica refere-se à consolidação das normas jurídicas atualmente em vigor[134]. A consolidação pode ser quantitativa e/ou qualitativa[135]. A consolidação quantitativa é aquela por meio da qual as normas dispersas em um variado número de textos normativos (leis, decretos, instruções etc.) são agrupadas em um só texto legal, sem qualquer alteração nos textos originais. O problema desse tipo de consolidação é que ela não elimina as imperfeições e incoerências contidas nos textos originais, sendo todas elas transportadas para o texto único[136].

---

[134] "De entre todas las formas de sistematización la que el legislador realiza al codificar las soluciones jurídicas es, con seguridad, la de mayor efectividad y más graves consecuencias". (KERCHOVE, M. van de., op.cit., 1997, p. 108).

[135] "Dicha concepción del código, sin duda, señala la fase evolutiva por la que la codificación transita de un ideal cuantitativo a un ideal cualitativo". (IDEM, p. 110).

[136] "Consiste la codificación cuantitativa en la simple transcripción e integración del Derecho en un documento único (ley de las XII Tablas, mandamientos de Yavhé revelados a Moisés). En dichos casos la naturaleza del Derecho codificado apenas se ve afectada. Se limitan, en efecto, a

Já na consolidação qualitativa, as normas que tratam de uma determinada matéria são, não apenas reunidas em um texto, mas também racionalizadas e simplificadas segundo um ou mais princípios que garantem a unidade e a coerência das normas assim consolidadas. Nesse tipo de consolidação, não apenas são feitas alterações nos textos originais, mas também são removidas as suas imperfeições, bem como eliminadas as normas que se encontram revogadas (total ou parcialmente) [137].

Tanto a consolidação quantitativa, quanto a qualitativa contribuem, pois, para a diminuição da insegurança jurídica, na medida em que reduzem a complexidade do sistema jurídico. Isso porque, quando o legislador realiza uma consolidação nas normas jurídicas, ele diminui tanto a quantidade de normas que compõem o sistema quanto as conexões circulares entre elas.

Quando o legislador realiza uma codificação quantitativa, reunindo em um só texto normas que até então estavam dispersas em textos diversos, ele diminui a complexidade do ordenamento, na medida em que reduz a quantidade de conexões circulares do sistema. Com efeito, se as normas que regem uma mesma e determinada matéria tiverem sido produzidas por órgãos distintos, haverá uma tendência ao estabelecimento de conexões circulares entre elas,

---

realizar una compilación yuxtaponiendo las soluciones de tal modo que el código no hace otra cosa que reflejar los procesos casuísticos que presidieron la génesis de dichas soluciones. Las ambigüedades, las antinomias y las lagunas que la proximidad de estas diversas reglas deja inevitablemente patentes no podrían superarse aún por falta de una visión sistemática del Derecho". (IDEM, IBIDEM).

[137] "En el otro extremo, la codificación cualitativa se presenta como una sistematización axiomática de la materia jurídica. En este caso, se realiza una auténtica transustanciación del Derecho, ya no estamos ante soluciones yuxtapuestas sino jerarquizadas; que parten de unos principios racionales y universales y son deducibles, conforme a unas reglas de inferencia lógica, las unas de las otras. Nos encontramos ahora ante un código que contiene sus propias reglas de transformación, aplicación e interpretación de manera que las imperfecciones legislativas que pudieran subsistir puedan superarse con el auxilio de dichas reglas". (IDEM, IBIDEM).

o que leva a um aumento da complexidade do sistema e, portanto, da insegurança jurídica.

Ainda que não haja qualquer alteração em seus conteúdos, a simples reunião dessas normas em texto único, fazendo com que, mediante um novo ato de vontade, elas sejam novamente positivadas por uma só autoridade, a um só tempo e por via de um mesmo veículo normativo (por exemplo, uma lei ordinária), elimina as incertezas decorrentes de eventuais antinomias decorrentes, tanto da multiplicidade das fontes normativas, quanto do assincronismo das normas.

Como já apontamos, no entanto, a consolidação quantitativa não elimina as incoerências das normas em sua origem, antes de elas serem transportadas para o novo texto legislativo. Assim, as relações de circularidade continuarão a existir entre as normas que compõem o texto consolidado. A eliminação da circularidade entre as normas consolidadas só ocorrerá quando a consolidação for, também, qualitativa.

5.3 Indicar de forma expressa as leis revogadas

A terceira solução possível para diminuir a insegurança jurídica é a imposição, ao legislador, da obrigação de revogar, de forma expressa, as leis anteriores que dispunham sobre a mesma matéria, todas as vezes que uma lei for editada. Essa medida tem por objetivo eliminar a circularidade que surge entre a nova lei e as leis anteriores, quando estas não são expressamente revogadas.

Essa medida, porém, é de implementação difícil, pois custosamente se poderá retirar a validade de uma lei sob o fundamento de que ela não revogou expressamente as leis anteriores sobre a mesma matéria.

Isso porque, existindo uma norma secundária que obrigue o legislador a indicar expressamente as leis anteriores revogadas pela nova lei, a ausência dessa revogação expressa pode ser interpretada como uma vontade do legislador de que as leis anteriores permaneçam em vigor.

5.4 Estabelecer um controle prévio de constitucionalidade das leis

O objetivo dessa medida é impedir a edição de leis inconstitucionais, por intermédio de um controle prévio de sua constitucionalidade, que seria exercido antes de sua promulgação. Fazendo referência ao caso brasileiro, sabemos que esse controle de constitucionalidade existe e é exercido tanto pelo Poder Legislativo, por meio de suas comissões[138], quanto pelo Poder Executivo, mediante o poder de veto[139].

Esse controle, no entanto, como se sabe, não vincula os órgãos do Poder Judiciário, que detêm a última palavra no que concerne à constitucionalidade das leis. Isso faz com que, no Brasil, as leis editadas pelo Poder Legislativo tenham apenas uma presunção de constitucionalidade, que pode ser afastada pelo Poder Judiciário.

---

[138] No Senado Federal esse controle é exercido pela Comissão de Constituição, Justiça e Cidadania que, nos termos do artigo 101, inciso I, do Regimento Interno do Senado Federal, tem competência para "opinar sobre a constitucionalidade, juridicidade e regimentalidade das matérias que lhe forem submetidas por deliberação do Plenário, por despacho da Presidência, por consulta de qualquer comissão, ou quando em virtude desses aspectos houver recurso de decisão terminativa de comissão para o Plenário". Na Câmara dos Deputados, esse controle é exercido pela Comissão de Constituição e Justiça e de Cidadania, que, nos termos do artigo 32, inciso IV, alínea "a", do Regimento Interno da Câmara dos Deputados, tem competência para opinar sobre os "aspectos constitucional, legal, jurídico, regimental e de técnica legislativa de projetos, emendas ou substitutivos sujeitos à apreciação da Câmara ou de suas Comissões".

[139] A Constituição da República Federativa de 1988, em seu artigo 66, §1º, atribui competência ao Presidente da República para vetar, no todo ou em parte, projeto de lei que entenda ser inconstitucional.

A forma única de resolver esse problema é com a edição de uma norma secundária que proíba os órgãos judiciais de declarar a inconstitucionalidade de uma lei cuja constitucionalidade tenha sido examinada antes de sua promulgação.

Nesse sentido, citamos como exemplo o procedimento adotado na França, onde os projetos de leis podem, por iniciativa do Presidente da República, do Primeiro Ministro, do Presidente da Assembleia Nacional, do Presidente do Senado, de 60 deputados ou de 60 senadores, ser submetidos, antes de sua promulgação, ao referendo do Conselho Constitucional[140].

Se o Conselho Constitucional declarar a inconstitucionalidade de um projeto de lei, este não poderá ser promulgado, nem implementado. Por outro lado, se ele for declarado constitucional, uma vez promulgado, sua constitucionalidade não poderá ser questionada por qualquer autoridade administrativa ou órgão judicial[141].

Apesar de o Conselho Constitucional francês ser um órgão político, pois não integra a estrutura do Poder Judiciário, esse controle prévio de constitucionalidade, com força vinculante, também poderia ser exercido por um órgão do Poder Judiciário[142].

---

[140] Constituição Francesa de 1958, artigo 61.
[141] Constituição Francesa de 1958, artigo 62.
[142] "Quanto à natureza do órgão da justiça constitucional, o controle da constitucionalidade poder ser: a) **político** ou **não-judicial**, e b) **judicial** ou **jurisdicional**. Há controle político ou não-judicial sempre que a verificação da constitucionalidade da lei é confiada a órgão de natureza essencialmente política. Nesse modelo, o controle da constitucionalidade das leis é exercitado por um órgão político estranho à estrutura do Poder Judiciário ou cuja atuação não tem natureza jurisdicional. Cuida-se do modelo francês de fiscalização da constitucionalidade. [...] Atualmente, prevê a vigente Constituição da França de 05 de outubro de 1958, um órgão político – o *Conseil Constitutionnel* – como o competente para exercer a fiscalização da constitucionalidade das leis naquele país". (CUNHA JÚNIOR, D.

Essa seria, sem dúvida, mais uma solução possível para a diminuição da insegurança jurídica causada pela edição de leis inconstitucionais.

5.5 Limitar o exercício do controle de constitucionalidade das leis

Outra forma de reduzir a insegurança jurídica é por via da limitação do exercício do controle de constitucionalidade das leis. O objetivo dessa medida seria impedir que qualquer órgão do Poder Judiciário pudesse declarar a inconstitucionalidade de uma lei e, assim, deixar de aplicá-la no caso concreto.

Como Kelsen ressalta, na ausência de disposição constitucional expressa que atribua, com exclusividade, a competência para declarar a inconstitucionalidade das leis a um órgão judicial específico, todos os juízes ficam autorizados, no julgamento do caso concreto, a afastar a aplicação das leis que ele julgue contrárias à Constituição[143]. Isso se explica, segundo Kelsen, porque, antes de aplicar uma lei ao caso concreto, o juiz deve verificar se o sentido objetivo do ato de vontade do legislador corresponde a uma norma jurídica.

Se o controle de constitucionalidade é exercido de forma difusa, por mais de um órgão do Poder Judiciário, a declaração

---

Controle da constitucionalidade: teoria e prática. 2. ed., Salvador: JusPodium, 2007, p. 96).

[143] "Se a Constituição nada preceitua sobre a questão de saber quem há-de fiscalizar a constitucionalidade das leis, os órgãos a quem a Constituição confere poder para aplicar as leis, especialmente os tribunais, portanto, são por isso mesmo tornados competentes para efectuar esse control." E, mais adiante, às pp. 370-371: "Como já verificámos, ela é cometida a todos os órgãos competentes para aplicar o Direito, e especialmente aos tribunais, quando essa faculdade de control não seja expressamente excluída da sua competência". (KELSEN, H., op.cit., p. 368).

de inconstitucionalidade tem efeito apenas no caso concreto e entre as partes do processo. Por outro lado, se tal controle é exercido de forma concentrada, por um só órgão judicial, a Constituição pode estabelecer que, uma vez declarada a inconstitucionalidade de uma lei por esse órgão, a declaração terá efeito *erga omnes*[144].

Como Kelsen destaca, a limitação do controle difuso de constitucionalidade dependeria de uma emenda à Constituição Federal que atribuísse a competência para exercer tal controle com exclusividade a determinado ou determinados órgãos do Poder Judiciário.

5.6 Invalidar as decisões judiciais contrárias às leis

A sexta proposta para a diminuição da insegurança jurídica é a invalidação das decisões judiciais contrárias à lei. O objetivo dessa medida é preservar a supremacia da lei em relação à decisão judicial, permitindo que quaisquer decisões judiciais porventura produzidas sem concordância com o previsto na legislação sejam invalidadas.

Tal medida reduziria a complexidade do sistema jurídico e, portanto, a sua imprevisibilidade, na medida em que imporia uma relação linear, de cima para baixo, entre a lei e a decisão judicial, eliminando eventual circularidade entre ambas, que

---

[144] "Se todo o tribunal é competente para controlar a constitucionalidade da lei a aplicar por ele a um caso concreto, em regra ele apenas tem a faculdade de, quando considere a lei como «inconstitucional», rejeitar a sua aplicação ao caso concreto, quer dizer, anular a sua validade somente em relação ao caso concreto. A lei, porém, permanece em vigor para todos os outros casos a que se refira e deve ser aplicada a esses casos pelos tribunais, na medida em que estes não afastem também a sua aplicação num caso concreto. Se o control da constitucionalidade das leis é reservado a um único tribunal, este pode deter competência para anular a validade da lei reconhecida como «inconstitucional» não só em relação a um caso concreto mas em relação a todos os casos a que a lei se refira - quer dizer, para anular a lei como tal". (IDEM, p. 371).

pudesse surgir, caso o âmbito de validade da lei ou o seu conteúdo fossem modificados pela decisão judicial.

Para tanto, é preciso reconhecer que, ao decidir um caso concreto, o juiz pode produzir uma norma de caráter individual[145] que seja, de fato, contrária a uma determinada lei. Essa contrariedade à lei (ou, em outras palavras, essa ilegalidade) pode decorrer do fato de a decisão judicial ter sido produzida desconforme em relação ao procedimento estabelecido em lei para a sua produção, bem como pelo fato de o conteúdo de referida decisão judicial ser contrário ao teor de uma determinada lei[146].

Um sistema jurídico pode conferir a alguns órgãos competência para produzir normas de caráter geral (por exemplo, ao Poder Legislativo) e, a outros, competência para produzir normas de caráter individual (por exemplo, ao Poder Judiciário).

Da mesma forma, ele pode conferir a certos órgãos competência para verificar se as normas de caráter individual estão ou não de acordo com as normas de caráter geral (por exemplo, os tribunais), impondo a estes o dever de invalidar as normas de caráter individual que sejam contrárias às de caráter geral.

Esse dever de verificar se as decisões judiciais estão ou não em conformidade com as leis e, caso não estejam, de invalidá-las, pode depender de uma prévia provocação de uma

---

[145] A expressão caráter individual é aqui utilizada em oposição ao caráter geral da lei. Ao empregarmos o adjetivo "individual" não descartamos a hipótese de os polos processuais serem ocupados por uma multiplicidade de pessoas, por uma coletividade ou, até mesmo, pela sociedade como um todo, na hipótese, por exemplo, de atuação do Ministério Público.

[146] "Dizer que uma decisão judicial ou uma resolução administrativa são contrárias ao Direito, somente pode significar que o processo em que a norma individual foi produzida, ou o seu conteúdo, não correspondem à norma geral criada por via legislativa ou consuetudinária, que determina aquele processo ou fixa este conteúdo". (KELSEN, H., op.cit., p. 364).

das partes processuais ou até de um terceiro, bem como pode ser imposto aos tribunais, independentemente da manifestação de qualquer vontade[147].

Além disso, o sistema jurídico pode igualmente atribuir competência para que tribunais superiores verifiquem se as decisões das cortes locais estão ou não em conformidade com a lei, prevendo, assim, mais de uma instância recursal.

Em suma, o sistema jurídico pode prever um procedimento por meio do qual uma decisão judicial pode ser invalidada por intermédio de outra decisão judicial. Quando o sistema jurídico prevê um procedimento como este, a validade das decisões judiciais é sempre provisória, pois, até que tal procedimento seja esgotado, resta sempre a possibilidade de a decisão judicial ser invalidada por meio da decisão de outro órgão judicial.

Esse procedimento, de verificação da legalidade das decisões judiciais, é regulado por meio de normas secundárias de adjudicação. Nos sistemas jurídicos em que vigora o princípio da separação dos poderes, a legalidade das decisões judiciais é controlada pelo próprio Poder Judiciário. Como esse procedimento de controle da legalidade das decisões judiciais tem, necessariamente, um fim, em algum momento, quer pela inércia das partes, quer pela inexistência de outro recurso, a decisão proferida pelo Poder Judiciário transita em julgado e torna-se definitiva[148].

Com seu trânsito em julgado, a legalidade da decisão judicial não pode ser mais questionada[149] e, portanto, a decisão

---

[147] Citamos como exemplo as hipóteses em que o ordenamento jurídico prevê a remessa necessária ou recurso de ofício.

[148] Ainda que o sistema jurídico preveja a hipótese de ajuizamento de ação rescisória, a decisão nela proferida também transita em julgado em algum momento.

[149] Sempre é possível afirmar que uma decisão transitada em julgada é ilegal. Quando afirmamos que a sua ilegalidade não pode mais ser questionada, estamos dizendo que, a partir desse momento, não existe uma

judicial é considerada válida, ainda que tenha sido produzida em desconformidade, formal ou material, em relação à lei.

Assim, podemos assinalar que, nos sistemas jurídicos onde vigora o princípio da separação dos poderes, é possível a existência de decisões judiciais contrárias à lei com validade definitiva, pelo simples fato de que o controle da legalidade de tais decisões é exercido pelo próprio Poder Judiciário.

Por essa razão, uma vez adotado o princípio da separação dos poderes, o legislador infraconstitucional não dispõe de meios para impedir que o Poder Judiciário produza normas de caráter individual contrárias à lei. Nesse caso, como existe sempre a possibilidade de uma decisão judicial contrária à lei transitar em julgado, não se pode asserir que as relações entre as leis e as decisões judiciais serão sempre lineares.

O sistema jurídico seria, portanto, composto de normas de caráter geral e de cunho individual, nem sempre em conformidade com as de caráter geral. As relações entre essas normas seriam em parte lineares e, em parte, circulares, de tal forma que a estrutura do sistema jurídico não poderia ser considerada apenas piramidal. Em outras palavras, a estrutura piramidal do sistema jurídico seria incompatível com o princípio da separação dos poderes.

Dessa forma, para que um ordenamento jurídico tenha uma estrutura piramidal, é preciso que o procedimento de invalidação das decisões judiciais seja elaborado de forma a que nenhuma decisão judicial contrária à lei possa se tornar definitiva. Isso só seria possível mediante um rearranjo entre os poderes, o que só poderia ser feito no plano constitucional.

Em tese, existiriam duas possibilidades, ambas, destacamos desde já, contrárias ao princípio da separação dos poderes. A primeira por meio da atribuição ao Poder

---

forma de, juridicamente, retirar a validade dessa decisão, já que exaurido o procedimento previsto para essa finalidade.

Legislativo (e não ao próprio Poder Judiciário) de competência para invalidar as decisões judiciais que ele entendesse contrárias às leis por ele próprio editadas[150].

O Poder Judiciário estaria, nessa hipótese, em uma posição hierarquicamente inferior à do Poder Legislativo, já que este teria competência para invalidar as decisões daquele. Nesse caso, não estaríamos distantes da visão de Montesquieu, para quem o Poder Judiciário seria invisível e nulo, pois seus julgamentos não deveriam passar de uma mera repetição da lei[151].

A segunda possibilidade seria pela constituição de outro Poder, diverso do Legislativo e do Judiciário, dotado de competência para invalidar as decisões judiciais contrárias à lei e que, portanto, estaria em uma posição hierarquicamente superior à do Poder Judiciário. Imaginando que este esteja no mesmo nível hierárquico do Poder Executivo e do Legislativo, estaríamos falando do quarto poder, hierarquicamente superior aos demais.

A existência do quarto Poder, dotado de competência para invalidar as decisões proferidas pelo Poder Judiciário, não é de todo estranha à experiência jurídica brasileira. Fazemos

---

[150] Destaque-se o fato de que a Constituição da República Federativa de 1988, em seu artigo 49, inciso V, confere ao Congresso Nacional competência para "sustar os atos normativos do Poder Executivo que exorbitem do poder regulamentar ou dos limites de delegação legislativa". Tal dispositivo confere ao Poder Legislativo competência para exercer *sponte sua* o controle de legalidade das normas produzidas pelo Poder Executivo.

[151] "Desta forma, o poder de julgar, tão terrível entre os homens, como não está ligado nem a certo estado, nem a certa profissão, torna-se, por assim dizer, invisível e nulo. [...] Mas, se os tribunais não devem ser fixos, os julgamentos devem sê-lo a tal ponto que nunca sejam mais do que um texto preciso da lei. [...] Dos três poderes dos quais falamos, o de julgar é, de alguma forma, nulo". (MONTESQUIEU, Charles de Secondat, Baron de. **O espírito das leis**. Trad. Cristina Murachco. São Paulo: Martins Fontes, 1996, p. 169-172).

referência ao Poder Moderador, constituído na Constituição de 1824, e que tinha, dentre outras, competência para perdoar e moderar as penas impostas pelo Poder Judiciário[152].

É importante notar que, tanto em um caso como em outro, ainda que outro Poder pudesse verificar a legalidade das decisões judiciais, o seu exercício não levaria, necessariamente, à invalidação de todas as decisões judiciais, pelo simples fato de que, por depender de uma nova decisão, esta poderia ou não retirar a validade de uma decisão judicial supostamente ilegal.

Em termos práticos, ainda que se possa presumir que, na primeira hipótese, o Poder Legislativo tenderia a invalidar as decisões judiciais contrárias às leis editadas por ele mesmo, não se pode descartar a possibilidade de, em um determinado caso, isso não vir a ocorrer. Da mesma forma, a existência de um Poder Moderador não asseguraria, necessariamente, a invalidação de todas as decisões judiciais contrárias à lei.

De qualquer forma, entendemos que essas seriam as duas formas de assegurar, em tese, que as decisões judiciais contrárias à lei fossem invalidadas e, assim, o ordenamento jurídico tivesse uma forma estritamente piramidal, decorrente do fato de suas normas estarem ligadas única e exclusivamente por conexões lineares.

5.7 Limitar a liberdade do juiz de decidir contrariamente à jurisprudência dominante

Por fim, a sétima e última proposta para a diminuição da complexidade do sistema jurídico e, consequentemente, da insegurança jurídica por ele produzida, é a limitação da

---

[152] "Art. 101. O Imperador exerce o Poder Moderador [...] VIII. Perdoando, e moderando as penas impostas aos Réos condemnados por Sentença." (**Constituicão Politica Do Imperio Do Brazil de 1824**. Disponível em <http://www.planalto.gov.br/ccivil_03/Constituicao/Constituicao24.htm>).

liberdade de o juiz decidir contrariamente à jurisprudência dominante.

Como visto anteriormente, não se pode, simplesmente, impedir um juiz de decidir contrariamente à jurisprudência dominante, isto é, de produzir uma norma de caráter individual, cujo conteúdo divirja da jurisprudência das cortes. O que deve ser feito, nesses casos, é prever um mecanismo por meio do qual essas decisões possam ser invalidadas por esses tribunais mediante o competente recurso.

Assim, a implementação dessa proposta demandaria uma alteração no procedimento de invalidação das decisões judiciais para que fosse incluída, dentre as hipóteses nas quais um tribunal estaria autorizado a invalidar uma decisão judicial, a situação na qual ela está em confronto com a jurisprudência dominante.

A Consolidação das Leis do Trabalho contém normas que, de certa forma, cumprem esse objetivo. Nesse sentido, destacamos o artigo 896, alínea "a":

> Consolidação das Leis do Trabalho
> Art. 896 - Cabe Recurso de Revista para Turma do Tribunal Superior do Trabalho das decisões proferidas em grau de recurso ordinário, em dissídio individual, pelos Tribunais Regionais do Trabalho, quando:
> a) derem ao mesmo dispositivo de lei federal interpretação diversa da que lhe houver dado outro Tribunal Regional do Trabalho, no seu Pleno ou Turma, ou a Seção de Dissídios Individuais do Tribunal Superior do Trabalho, ou contrariarem súmula de jurisprudência uniforme dessa Corte ou súmula vinculante do Supremo Tribunal Federal;

Note-se que esse dispositivo prevê quatro situações em que cabe a interposição de Recurso de Revista para o Tribunal

Superior do Trabalho: quando a decisão proferida pelo Tribunal Regional do Trabalho tiver dado ao mesmo dispositivo de lei federal interpretação diversa da que lhe houver dado: (i) outro Tribunal Regional do Trabalho, (ii) a Seção de Dissídios Individuais do TST, (iii) Súmula de Jurisprudência Uniforme do TST, ou (iv) súmula vinculante do STF.

É certo que tais dispositivos tratam apenas das hipóteses de cabimento de um recurso específico e, nesse sentido, nada impede que, uma vez conhecido o recurso pelo TST, este Tribunal venha a julgar o caso concreto, que lhe foi submetido, de forma contrária à interpretação da lei federal que tenha sido dada por sua Seção de Dissídios Individuais ou, então, que esteja contida em alguma de suas súmulas.

Com efeito, o fato de um tribunal ter editado uma súmula qualquer não significa que ele está obrigado a julgar todos os casos que lhe são submetidos de acordo com ela, já que as súmulas representam apenas um entendimento consolidado da jurisprudência do tribunal.

Assim, seria necessário ir além e, por meio de normas secundárias de adjudicação, impor aos tribunais a obrigação de invalidar as decisões judiciais contrárias à sua jurisprudência dominante.

6 A LEI COMPLEMENTAR Nº 95/1998 E A SÚMULA VINCULANTE

No capítulo anterior, fizemos algumas propostas que, em tese, poderiam levar à diminuição da complexidade do sistema jurídico e, consequentemente, da insegurança jurídica por ele produzida.

Neste capítulo, veremos duas medidas concretas já adotadas no País, procurando verificar, à luz do quanto exposto até o presente momento, quais as causas da insegurança que cada uma dessas medidas procurou atacar, bem como sua eficiência.

Para tanto, devemos lembrar que, conforme já exprimimos, a insegurança jurídica decorre da complexidade do sistema jurídico e esta depende não apenas da quantidade de normas que compõem o sistema, mas, sobretudo, das relações de circularidade entre elas.

Também já foi expresso que, em um sistema jurídico complexo, a diminuição do número de normas reduz a complexidade do sistema, mas esta só será eliminada com a substituição das conexões circulares por conexões lineares entre as normas que o compõem.

6.1 A Lei Complementar nº 95/1998

A Constituição da República Federativa de 1988, no parágrafo único de seu artigo 59, dispõe que:

> Art. 59. O processo legislativo compreende a elaboração de:
> (...)

Parágrafo único. Lei complementar disporá sobre a elaboração, redação, alteração e consolidação das leis.

Referida norma constitucional impôs ao Poder Legislativo a obrigação de editar uma lei complementar que dispusesse sobre a elaboração, a redação, a alteração e a consolidação das leis (em sentido *lato*). O Congresso Nacional se desincumbiu dessa obrigação por meio da edição, em 26 de fevereiro de 1998, da Lei Complementar nº 95, que regulamentou referida norma constitucional (doravante, simplesmente a "LC 95").

A análise da LC 95 será dividida em duas partes: primeiramente, veremos quais as causas da insegurança jurídica vistas no Capítulo 4 que esse diploma legal procurou atacar e, posteriormente, veremos qual a sua real eficácia.

6.1.1 As causas da insegurança jurídica que a LC 95 procurou atacar

De acordo com o disposto em seu artigo 1º, as disposições da LC 95 se aplicam aos atos normativos previstos no artigo 59 da Constituição Federal de 1988[153], bem como, no que couber, aos decretos e demais atos de regulamentação expedidos pelos órgãos do Poder Executivo. Considerando que, neste livro, tratamos especificamente das atividades desempenhadas pelo legislador e pelo juiz, a LC 95 nos interessa, na medida em que regula a atividade do legislador[154].

---

[153] Emendas à Constituição, leis complementares, leis ordinárias, leis delegadas, medidas provisórias, decretos legislativos e resoluções.

[154] O Chefe do Poder Executivo, quando edita uma Medida Provisória ou uma Lei Delegada, desempenha uma atividade propriamente legislativa, em virtude do caráter geral de tais espécies normativas, razão pela qual, nesses casos, faz as vezes do legislador.

A LC 95 procura atacar três das causas da insegurança jurídica decorrentes da atividade desempenhada do legislador, na medida em que procura, de três formas diferentes, diminuir a circularidade entre normas legais distintas, que disciplinam a mesma matéria.

A primeira forma pela qual a LC 95 tenta reduzir a complexidade do sistema jurídico é por via da imposição de um limite ao exercício do Poder Legislativo, no sentido de evitar a proliferação de leis diversas sobre a mesma matéria. Entendemos que o artigo 7º da LC 95 contém algumas normas nesse sentido:

> Art. 7º O primeiro artigo do texto indicará o objeto da lei e o respectivo âmbito de aplicação, observados os seguintes princípios:
> I - excetuadas as codificações, cada lei tratará de um único objeto;
> II - a lei não conterá matéria estranha a seu objeto ou a este não vinculada por afinidade, pertinência ou conexão;
> III - o âmbito de aplicação da lei será estabelecido de forma tão específica quanto o possibilite o conhecimento técnico ou científico da área respectiva;
> IV - o mesmo assunto não poderá ser disciplinado por mais de uma lei, exceto quando a subseqüente se destine a complementar lei considerada básica, vinculando-se a esta por remissão expressa.

O objetivo desses dispositivos é fazer com que cada matéria seja objeto de uma lei única, evitando que o intérprete seja obrigado a relacionar diversos textos normativos, editados em épocas e contextos distintos, para saber qual norma rege uma determinada matéria. Tal medida visa, portanto, a diminuir a complexidade do sistema jurídico pela redução do número de normas e, também, da circularidade entre estas.

Outro aspecto positivo dessa abordagem é o de que ela proíbe a inclusão, nas novas leis, de matérias a elas estranhas. Vale relembrar que essa prática é muito frequente no Brasil e, durante anos, foi muito utilizada pelo Poder Executivo, quando da edição de medidas provisórias.

Como existe dificuldade de se acompanhar a produção legislativa, em virtude da velocidade e da quantidade com que novas leis são produzidas, tal dispositivo da LC 95 diminui a probabilidade de uma pessoa ser surpreendida com a existência de uma norma inserida no âmbito de outra lei com objeto totalmente diverso.

A segunda forma pela qual a LC 95 tenta reduzir a insegurança jurídica é pela imposição ao legislador da obrigação de consolidar a legislação já existente, diminuindo assim a quantidade de normas em vigor. As disposições nesse sentido estão contidas em seus artigos 13, 14 e 15.

O artigo 13 impõe ao legislador federal a obrigação de codificar e consolidar as leis federais, reunindo-as em um conjunto denominado "Consolidação da Legislação Federal", que deve ser, nos termos do artigo 15, atualizado na primeira sessão legislativa de cada legislatura. É importante notar que o artigo 13 impõe ao legislador federal duas obrigações distintas: a de codificar e a de consolidar as leis federais. O parágrafo 1º desse artigo traz um conceito de consolidação:

> Art. 13. As leis federais serão reunidas em codificações e consolidações, integradas por volumes contendo matérias conexas ou afins, constituindo em seu todo a Consolidação da Legislação Federal.
> § 1º A consolidação consistirá na integração de todas as leis pertinentes a determinada matéria num único diploma legal, revogando-se formalmente as leis incorporadas à consolidação, sem modificação do alcance nem

interrupção da força normativa dos dispositivos consolidados.

Apesar de a LC 95 não conter uma definição de codificação, acreditamos ser possível extraí-la com base numa interpretação *a contrario sensu* do supracitado dispositivo. A codificação pode ser definida como o processo de integração, em um só diploma legal, de todas as leis sobre uma determinada matéria, em que os dispositivos codificados são modificados e sintetizados em um novo texto legal sobre a matéria.

A diferença entre a codificação e a consolidação estaria justamente no fato de que nesta há apenas a reunião das leis sobre determinada matéria em diploma único legal, sem alterações de fundo, enquanto naquela as leis anteriores são sintetizadas em um novo texto legal, de conteúdo diverso do somatório das leis codificadas. Assim, a consolidação teria apenas um caráter quantitativo, enquanto a codificação seria qualitativa.

Nesse sentido, destacamos o fato de que as alterações permitidas pelo §2º do citado artigo 13 da LC 95 aos projetos de lei de consolidação são periféricas e não podem modificar o conteúdo normativo das leis consolidadas:

> [...]
> §2º Preservando-se o conteúdo normativo original dos dispositivos consolidados, poderão ser feitas as seguintes alterações nos projetos de lei de consolidação:
> I – introdução de novas divisões do texto legal base;
> II – diferente colocação e numeração dos artigos consolidados;
> III – fusão de disposições repetitivas ou de valor normativo idêntico;

IV – atualização da denominação de órgãos e entidades da administração pública;

V – atualização de termos antiquados e modos de escrita ultrapassados;

VI – atualização do valor de penas pecuniárias, com base em indexação padrão;

VII – eliminação de ambigüidades decorrentes do mau uso do vernáculo;

VIII – homogeneização terminológica do texto;

IX – supressão de dispositivos declarados inconstitucionais pelo Supremo Tribunal Federal, observada, no que couber, a suspensão pelo Senado Federal de execução de dispositivos, na forma do art. 52, X, da Constituição Federal;

X – indicação de dispositivos não recepcionados pela Constituição Federal;

XI – declaração expressa de revogação de dispositivos implicitamente revogados por leis posteriores.

Por fim, a terceira forma pela qual a LC 95 procura reduzir a insegurança jurídica é pela imposição ao legislador federal da obrigação de indicar, de forma expressa, no âmbito da nova lei, as anteriores que foram por ela revogadas.

Art. 9° A cláusula de revogação deverá enumerar, expressamente, as leis ou disposições legais revogadas.

Essa medida tem por objetivo, como apontado no capítulo anterior, evitar que a determinação das normas em vigor dependa de um ato de interpretação, o que, como visto alhures, pode ser fonte de insegurança jurídica na medida em que o cidadão pode se conduzir de uma determinada forma, acreditando que uma norma qualquer foi tacitamente revogada e ser surpreendido por uma decisão judicial que diga o contrário, pois o juiz pode interpretar a lei nova e a antiga e chegar à conclusão de que a norma contida na lei anterior continua válida.

6.1.2 A eficácia da LC 95

As medidas contidas na LC 95 acerca da atividade do legislador são positivas, pois têm potencial para diminuir, ainda que parcialmente, a insegurança jurídica causada pela atividade legislativa. A LC 95, contudo, corre o risco de se tornar ineficaz, pelo fato de que ela não imputa à sua não observância sanção alguma, fazendo, assim, com que não passe de mera recomendação ao legislador. Nesse sentido, chamamos à atenção para o quanto disposto no artigo 18 da LC 95:

> Art. 18. Eventual inexatidão formal de norma elaborada mediante processo legislativo regular não constitui escusa válida para o seu descumprimento.

Esse dispositivo pode ser examinado sob duas ópticas: a do indivíduo e a da norma. Sob a primeira, expressa de forma direta, vemos que nenhuma pessoa poderá descumprir uma norma, sob o fundamento de que a esta não foi editada em conformidade com os ditames da LC 95.

Isso significa que, sob o prisma da norma, ela continuará válida ainda que tenha sido editada em desacordo com a LC 95, de forma que o descumprimento da LC 95 não poderá ser utilizado como fundamento para invalidação de qualquer norma. O artigo 18 da LC 95, portanto, a transforma em mera recomendação.

Por ser a LC 95 uma norma que regula o processo legislativo, em princípio, a sanção cabível seria efetivamente a invalidação dos atos normativos editados em desconformidade com ela por vício de forma. Ainda que, no entanto, o artigo 18 da LC 95 fosse revogado, a invalidação das leis editadas sem a conformidade com a LC 95 não seria uma medida de simples implementação.

No que concerne à obrigação imposta pela LC 95 por meio de seu artigo 7°, a invalidação dos atos normativos editados em desacordo com as normas contidas em tal dispositivo seria viável. Com efeito, se uma lei qualquer, editada após a LC 95, tratar de mais de um objeto, o Poder Judiciário poderá manter vigentes as normas acerca de um deles e invalidar as demais, relativas a outros objetos.

Da mesma forma, se, em uma lei que regula uma determinada matéria, forem inseridas normas estranhas ao seu objeto ou a este não vinculadas, o Poder Judiciário poderá invalidar essas normas específicas, mantendo em vigor as demais.

Por fim, se uma nova lei for editada, disciplinando um determinado assunto sobre o qual já existe uma lei em vigor, o Poder Judiciário poderá invalidá-la caso a nova lei não se destine a complementar a lei anterior e não faça remissão expressa a esta.

Por outro lado, as normas da LC 95 que impõem ao legislador o dever de codificar e consolidar a legislação federal devem receber tratamento diverso, no que diz respeito à sanção por seu descumprimento. Que sanção poderia ser imputada ao legislador caso ele não venha a codificar ou consolidar a legislação federal, como de fato vem ocorrendo?

Da mesma forma, poderíamos nos perguntar: que sanção pode ser imputada ao legislador, caso ele deixe de indicar, de forma expressa, as normas anteriores revogadas pela nova lei? A não revogação expressa de um ato normativo qualquer, desde a edição da LC 95, não poderia ser interpretada como uma declaração, por parte do legislador, de que as normas anteriores continuam em vigor?

A invalidação de atos normativos pelo Poder Judiciário nesses casos, decerto, não seria a melhor solução. A saída para diminuir a insegurança jurídica produzida pela falta de uma codificação ou consolidação da legislação, bem como pela existência de mais de uma norma em vigor sobre uma determinada matéria, teria que ser dada pelo próprio legislador, por via da técnica da lei "guilhotina".

Essa técnica foi utilizada na Itália e consiste na edição de uma lei que estabeleça uma data a partir da qual todas as leis que tenham sido editadas até um determinado ano são automaticamente revogadas, salvo se, até a data pré-fixada, sua validade for expressamente declarada pelo legislador[155]. A ideia subjacente a essa técnica é inverter o ônus da prova da validade das leis que se pretende revogar[156].

O uso de uma técnica como essa poderia servir de estímulo ao legislador pátrio, para que ele codificasse e consolidasse a legislação federal. Poderia ser estabelecida uma data a partir da qual todas as leis que não fossem expressamente incluídas na Consolidação da Legislação Federal estariam automaticamente revogadas, mas, tal iniciativa, por certo, teria que partir do próprio Poder Legislativo.

Por essas razões, pensamos que a LC 95 poderia, em tese, ser um importante instrumento de redução da

---

[155] "La técnica de la ley 'guillotina' funciona en este modo: Todas las leyes que fueron aprobadas antes de 1970 quedan automáticamente abrogadas si no hay una ley especial que les reconozca validez y eso puede hacerse hasta el mes de diciembre del 2009". (MARTINO, Antonio Anselmo. **La simplificación legislativa en el Derecho Comparado**. 2006. Disponível em:<http://www.antonioanselmomartino.it/index.php?option=com_content&task=view&id=34&Itemid=63>).

[156] "La idea de fondo consiste en invertir la carga de la prueba en cuanto a la vigencia de la ley (y de otros actos con fuerza de ley): todas las que fueron publicadas antes del 1° de enero de 1970, si el legislador actual no le dio nueva validez se consideran implícitamente abrogadas". (IDEM, IBIDEM).

complexidade do sistema jurídico e, consequentemente, da insegurança jurídica por ele gerada. Em virtude, porém, da norma contida em seu artigo 18 e das dificuldades de se invalidar uma lei contrária aos seus preceitos, tal iniciativa terá, certamente, pouca eficácia no Brasil.

6.2 A súmula vinculante

A súmula vinculante foi introduzida no ordenamento jurídico brasileiro por meio da Emenda Constitucional n° 45/2004, que acrescentou o artigo 103-A ao Texto Constitucional, com a seguinte redação:

> Art. 103-A. O Supremo Tribunal Federal poderá, de ofício ou por provocação, mediante decisão de dois terços dos seus membros, após reiteradas decisões sobre matéria constitucional, aprovar súmula que, a partir de sua publicação na imprensa oficial, terá efeito vinculante em relação aos demais órgãos do Poder Judiciário e à administração pública direta e indireta, nas esferas federal, estadual e municipal, bem como proceder à sua revisão ou cancelamento, na forma estabelecida em lei.
> § 1° A súmula terá por objetivo a validade, a interpretação e a eficácia de normas determinadas, acerca das quais haja controvérsia atual entre órgãos judiciários ou entre esses e a administração pública que acarrete grave insegurança jurídica e relevante multiplicação de processos sobre questão idêntica.
> § 2° Sem prejuízo do que vier a ser estabelecido em lei, a aprovação, revisão ou cancelamento de súmula poderá ser provocada por aqueles que podem propor a ação direta de inconstitucionalidade.
> § 3° Do ato administrativo ou decisão judicial que contrariar a súmula aplicável ou que

indevidamente a aplicar, caberá reclamação ao Supremo Tribunal Federal que, julgando-a procedente, anulará o ato administrativo ou cassará a decisão judicial reclamada, e determinará que outra seja proferida com ou sem a aplicação da súmula, conforme o caso.

Referido dispositivo constitucional foi regulamentado pela Lei Federal nº 11.417, 19 de dezembro de 2006, que disciplinou a "edição, a revisão e o cancelamento de enunciado de súmula vinculante pelo Supremo Tribunal Federal".

Da mesma forma como fizemos com a LC 95, a análise da súmula vinculante também será dividida em duas partes: primeiramente, veremos quais as causas da insegurança jurídica, vistas no Capítulo 4, que esse instituto procurou atacar e, posteriormente, veremos qual a sua real eficácia.

6.2.1 As causas da insegurança jurídica que a súmula vinculante procurou atacar

Para efeito desta publicação, o estudo da súmula vinculante nos interessa na medida em que interfere na atividade desempenhada pelo juiz. Com relação à competência para editá-la, percebe-se que tal competência foi atribuída pelo Texto Constitucional com exclusividade ao Supremo Tribunal Federal, com a concordância de, pelo menos, dois terços de seus membros.

Desde sua publicação na imprensa oficial, ela passa a ter um caráter vinculante em relação aos demais órgãos do Poder Judiciário. Por essa razão, ainda que se considere que a jurisprudência não é fonte do Direito, não se pode negar essa qualidade à súmula vinculante.

A súmula vinculante tem por objeto a *validade*, a *eficácia* e a *interpretação* de normas determinadas. Esses três possíveis objetos podem fazer da súmula vinculante um importante instrumento de redução da insegurança jurídica, na medida em que ela tem condições de atacar as três causas da insegurança ensejadas pela atividade jurisdicional.

A primeira causa de insegurança jurídica, de origem jurisdicional que vimos no Capítulo 4, reside na possibilidade de qualquer juiz, mediante um controle difuso de constitucionalidade, declarar a inconstitucionalidade de uma lei.

Se o Supremo Tribunal Federal editar uma súmula vinculante, declarando a validade de determinada norma, os demais órgãos judiciais não poderão, por meio do controle difuso de constitucionalidade, deixar de aplicá-la ao caso concreto sob o fundamento de que ela é inválida.

É certo que, antes da Emenda Constitucional nº 45/2004, quando o Supremo Tribunal Federal declarava a constitucionalidade de uma lei ou ato normativo federal, quando do julgamento de uma Ação Declaratória de Constitucionalidade, sua decisão também tinha efeito vinculante com relação aos demais órgãos do Poder Judiciário.

A súmula vinculante, contudo, amplia sobremaneira o poder do Supremo Tribunal Federal de limitar o exercício do controle de constitucionalidade pelos demais órgãos do Poder Judiciário, por duas razões.

A primeira é que, antes da Emenda, a declaração da constitucionalidade de uma lei, pelo Supremo Tribunal Federal com efeito vinculante para os demais órgãos do Poder Judiciário, dependia do ajuizamento de uma Ação Declaratória de Constitucionalidade, que só podia ser proposta pelo Presidente da República, pela Mesa do Senado Federal, pela Mesa da Câmara dos Deputados ou pelo Procurador Geral da

República[157]. A súmula vinculante, por sua vez, pode ser editada de ofício pelo Supremo Tribunal Federal.

E a segunda é que, enquanto a Ação Declaratória de Constitucionalidade só poderia ser ajuizada com o objetivo de declarar a constitucionalidade de lei ou ato normativo federal[158], a súmula vinculante pode ter por objeto a declaração da validade de "normas determinadas, acerca das quais haja controvérsia atual entre órgãos judiciários ou entre esses e a administração pública que acarrete grave insegurança jurídica e relevante multiplicação de processos sobre questão idêntica".

Assim, nada impede que, além da validade de leis e atos normativos federais, a validade de leis ou atos normativos estaduais e municipais também seja objeto de uma súmula vinculante.

A segunda causa da insegurança jurídica, de origem jurisdicional examinada no Capítulo 4, foi a possibilidade de um juiz reconhecer a validade de uma lei, mas entender que ela é insuficiente para resolver o caso concreto, por não ter a lei dado a uma norma constitucional toda a sua eficácia normativa. Mencionamos no Capítulo 4, a título ilustrativo, as decisões judiciais proferidas nos últimos anos contra o Poder Público, obrigando-o a fornecer medicamentos não previstos na normatização do SUS.

---

[157] Constituição da República Federativa de 1988, artigo 103, §4º: "A ação declaratória de constitucionalidade poderá ser proposta pelo Presidente da República, pela Mesa do Senado Federal, pela Mesa da Câmara dos Deputados ou pelo Procurador-Geral da República.", com a redação dada pela Emenda Constitucional nº 3, de 1993, antes de ser revogado pela Emenda Constitucional nº 45, de 2004.

[158] Constituição da República Federativa de 1988, artigo 102, *caput*, inciso I, alínea "a": "Art. 102. Compete ao Supremo Tribunal Federal, precipuamente, a guarda da Constituição, cabendo-lhe: I - processar e julgar, originariamente: a) a ação direta de inconstitucionalidade de lei ou ato normativo federal ou estadual e a ação declaratória de constitucionalidade de lei ou ato normativo federal;".

Uma questão como essa poderia facilmente ser resolvida por meio da edição de uma súmula vinculante que restringisse a eficácia normativa do direito constitucional à saúde, dispondo que o artigo 5º da Constituição da República Federativa de 1988 tem eficácia limitada e, portanto, o direito à saúde estaria limitado ao quanto estivesse disposto na legislação infraconstitucional.

Por fim, vimos no Capítulo 4 que a terceira causa da insegurança jurídica, de origem jurisdicional, é a possibilidade de o juiz interpretar uma lei qualquer de forma contrária à jurisprudência dominante.

Essa causa também poderá ser combatida por meio da edição de uma súmula vinculante que tenha por objeto a interpretação de uma norma determinada. Desde sua publicação no Diário Oficial, os demais órgãos do Poder Judiciário não poderão dar à norma objeto da súmula interpretação diversa da que tiver sido dada pelo Supremo Tribunal Federal.

6.2.2 A eficácia da súmula vinculante

Como já destacamos, a simples existência de uma súmula vinculante não tem o condão de impedir que os juízes decidam os casos concretos que lhe são submetidos de forma contrária ao que for sumulado. Toda decisão judicial tem validade provisória, até que a ela seja reformada ou anulada por meio do competente recurso.

O que a Lei Federal nº 11.417/2006 fez foi criar, além dos recursos previstos, outro mecanismo por meio do qual a validade de uma decisão judicial contrária a uma súmula vinculante pode ser retirada: mediante o ajuizamento de uma reclamação perante o Supremo Tribunal Federal:

Art. 7º Da decisão judicial ou do ato administrativo que contrariar enunciado de súmula vinculante, negar-lhe vigência ou aplicá-lo indevidamente caberá reclamação ao Supremo Tribunal Federal, sem prejuízo dos recursos ou outros meios admissíveis de impugnação.

§ 1º Contra omissão ou ato da administração pública, o uso da reclamação só será admitido após esgotamento das vias administrativas.

§ 2º Ao julgar procedente a reclamação, o Supremo Tribunal Federal anulará o ato administrativo ou cassará a decisão judicial impugnada, determinando que outra seja proferida com ou sem aplicação da súmula, conforme o caso.

Assim, acreditamos que a eficácia da súmula vinculante, como instrumento de redução da insegurança jurídica de origem jurisdicional, dependerá, essencialmente, de três fatores: de sua efetiva utilização pelo Supremo Tribunal Federal, de sua observância pelos demais órgãos do Poder Judiciário e, sobretudo, da vontade do Excelso Pretório de anular as decisões judiciais contrárias às súmulas que tiver editado.

Apesar de a finalidade principal da atividade jurisdicional não ser a busca da segurança jurídica do sistema como um todo, mas, sim, a realização da justiça no caso concreto, entendemos que o Supremo Tribunal Federal, por ser o órgão de cúpula do Poder Judiciário e o Guardião da Constituição, tem condições de, por meio da súmula vinculante, contribuir efetivamente para a redução da insegurança jurídica causada por nosso sistema jurídico.

7 CONCLUSÃO

O sistema formado pelas normas primárias de obrigação tende, naturalmente, a um estado de desordem máxima, caracterizado por um elevado grau de insegurança jurídica. Para vencer essa tendência e, assim, poder assegurar maior segurança jurídica às pessoas, é preciso que a entropia do sistema seja reduzida.

Isso é possível com a adição, ao sistema de normas primárias, de outro sistema, formado por normas secundárias de reconhecimento, alteração e adjudicação. O sistema jurídico resulta da combinação desses dois subsistemas: o de normas primárias e o de normas secundárias.

O subsistema de normas secundárias, por ser externo ao subsistema de normas primárias, é capaz de ordená-lo, por via da regulação do exercício dos Poderes Legislativo e Judiciário. Quanto maior for o controle exercido sobre esses dois poderes, menor será a entropia do subsistema de normas primárias e, consequentemente, do sistema jurídico.

Esse controle visa a impedir ou reduzir o estabelecimento de conexões circulares entre as normas primárias, fazendo com que esse subsistema adquira estrutura cada vez mais rígida e hierarquizada, bem como o número de normas primárias que compõem o sistema, haja vista que ambos são causas da complexidade do sistema jurídico e, portanto, da insegurança jurídica.

A estrutura piramidal, em sua forma pura, é apenas um modelo que não corresponde à realidade dos modernos sistemas jurídicos, especialmente porque é incompatível com o princípio da separação dos poderes. Assim, certo grau de insegurança jurídica é inerente aos sistemas jurídicos onde vigora esse princípio, pelo simples fato de que, nesses sistemas, o controle de legalidade das decisões judiciais é feito pelo próprio Poder Judiciário.

Para reduzir a insegurança jurídica, apontamos sete possíveis soluções. Algumas ferem o princípio da separação dos poderes, outras não; no entanto, todas passam pela alteração do subsistema de normas secundárias com o objetivo de limitar o exercício dos Poderes Legislativo e Judiciário.

Por meio da edição da LC 95, que regulamentou o parágrafo único do artigo 59 da Constituição Federal de 1988, o legislador federal procurou reduzir a entropia do sistema jurídico pátrio, ensejada pela atividade legislativa; no entanto, a LC 95 não apenas não estabeleceu sanção alguma para o caso de seu descumprimento, como expressamente ressalvou, em seu artigo 18, que a não observância do quanto ali disposto não retira a validade das espécies normativas elencadas no artigo 59 da Carta Magna. Assim, a LC 95 não passa, hoje, de mera recomendação, cuja eficácia depende unicamente da vontade do legislador de seguir seus preceitos.

Por outro lado, acreditamos que a súmula vinculante pode vir a se tornar um importante instrumento de redução da entropia do sistema jurídico brasileiro, na medida em que permite ao Supremo Tribunal Federal controlar, ao menos em matéria constitucional, o exercício da jurisdição pelos demais órgãos do Poder Judiciário.

É certo que a função principal do Poder Judiciário não é garantir a segurança jurídica do sistema jurídico como um todo, mas, sim, fazer justiça no caso concreto. Acreditamos, no entanto, que o Supremo Tribunal Federal, na qualidade órgão de cúpula do Poder Judiciário e guardião da Constituição Federal, é quem possui hoje mais condições de reduzir a entropia do nosso sistema jurídico e, assim, reduzir a insegurança jurídica por ele produzida atualmente.

REFERÊNCIAS BIBLIOGRÁFICAS

ARISTÓTELES. **Política**. 4. ed., Trad. Pedro Constantin Toles. São Paulo: Martin Claret, 2001.

BARROSO, Luís Roberto. **Da falta de efetividade à judicialização excessiva:** direito à saúde, fornecimento gratuito de medicamentos e parâmetros para a atuação judicial. Disponível em <http://www.conjur.com.br/dl/estudobarroso.pdf >. Acesso em 31 ago. 2015.

BERTALANFFY, Ludwig von. **Teoria Geral dos Sistemas**. Trad. Francisco M. Guimarães. 3. ed. Petrópolis: Vozes, 1977.

BOBBIO, Norberto. **O positivismo jurídico**: lições de Filosofia do Direito. Trad. e notas de Márcio Pugliesi, Edson Bini, Carlos E. Rodrigues. São Paulo: Ícone, 1995.

_____. **Teoria do Ordenamento Jurídico**. Trad. Maria Celeste C. J. Santos. Rev. Téc. Claudio De Cicco, apres. Tercio Sampaio Ferraz Jr. 10. ed. Brasília: Universidade de Brasília, 1999.

_____. **Teoria da Norma Jurídica**. Trad. Fernando Pavan Baptista e Ariani Bueno Sudatti. 2. ed. Bauru: EDIPRO, 2003.

_____. **Da estrutura à função**: novos estudos de teoria do Direito. Trad. Daniela Beccaccia Versiani. Rev. Téc. Orlando Seixas Bechara e Renata Nagamine. Barueri, SP: Manole, 2007.

BOHM, David. **A totalidade e a ordem implicada:** uma nova percepção da realidade. Trad. Mauro de Campos Silva. São Paulo: Cultrix.

BUCKLEY, Walter. **La Sociología y la Teoría Moderna de los Sistemas.** Buenos Aires: Amorrortu, 1993.

CANARIS, Claus-Wilhelm. **Pensamento sistemático e conceito de sistema na Ciência do Direito.** Trad. A. Menezes Cordeiro. 3. ed. Lisboa: Fundação Calouste Gulbenkian, 2002.

CUNHA JÚNIOR, Dirley da. **Controle de constitucionalidade:** teoria e prática. 2. ed. revista, ampliada e atualizada conforme a EC53/2006. Salvador: JusPodium, 2007.

DESCARTES, René. **Discurso do método:** para bem conduzir a própria razão e procurar a verdade nas ciências. Trad. de Thereza Christina Stummer. São Paulo: Paulus, 2002.

DEUTSCH, Karl W. **The nerves of government** – models of political communication and control. Nova Iorque: Free Press, 1966.

FERRAZ JR., Tercio Sampaio. **Introdução ao estudo do Direito:** técnica, decisão, dominação. 2. ed. São Paulo: Atlas, 1994.

FORSÉ, Michel. **A ordem improvável:** entropia e processos sociais. Trad. Adriano Fonseca. Porto: Rés, 1993.

HART, Herbert L.A. **O conceito de Direito.** Trad. Armindo Ribeiro Mendes. 3. ed. Lisboa: Fundação Calouste Gulbenkian, 2001.

KELSEN, Hans. **Teoria Pura do Direito.** Trad. João Baptista Machado. 6. ed. Coimbra: Armênio Amado, 1984.

KERCHOVE, Michel van de; OST, François. **El sistema jurídico entre orden y desorden**. Trad. Isabel Hoyo Sierra. Madrid: Universidad Complutense de Madrid, 1997.

_____. **De la pyramide au réseau:** pour une théorie dialectique du Droit. Bruxelas: Facultés Universitaires Saint-Louis, 2002.

LATORRE, Angel. **Introdução ao Direito**. Trad. Manuel de Alarcão. Coimbra: Almedina, 1978.

LE MOIGNE, Jean-Louis. **A Teoria do Sistema Geral –** Teoria da modelização. Trad. Jorge Pinheiro. 3. ed. Lisboa: Instituto Piaget, 1990.

LOSANO, Mario G. Modelos teóricos, inclusive na prática: da pirâmide à rede. Novos paradigmas nas relações entre direitos nacionais e normativas supraestatais. Trad. Marcela Varejão. **Revista do IASP**, Ano 8, nº 16. São Paulo: IASP, 2005.

_____. **Os grandes sistemas jurídicos**. Trad. Marcela Varejão. São Paulo: Martins Fontes, 2007.

LUGAN, Jean-Claude. **Elementos para el análisis de los sistemas sociales**. Trad. José Barrales Valladares. México, D.F.: Fondo de Cultura Económica, 1995.

LUHMANN, Niklas. L'unité du système juridique. **Archives de Philosophie du Droit**, Tomo 31, Le systéme juridique. Paris: Sirey, 1986.

MARTINO, Antonio Anselmo. **La simplificación legislativa en el Derecho Comparado**. 2006. Disponível em: <http://www.antonioanselmomartino.it/index.php?option=com _content&task=view&id=34&Itemid=63>. Acesso em: 31 ago. 2015.

MORAES, Alexandre de. **Direito Constitucional**. 17. ed. São Paulo: Atlas, 2005.

MAQUIAVEL, Nicolau. **O Príncipe**. 6. ed. Trad. Pietro Nassetti. São Paulo: Martin Claret, 1998.

MONTESQUIEU, Charles de Secondat, Baron de. **O espírito das leis**. Trad. Cristina Murachco. São Paulo: Martins Fontes, 1996.

OST, François. Entre ordre et désordre: le jeu du droit. Discussion du paradigme autoiétique appliqué au droit. **Archives de Philosophie du Droit**, Tomo 31, Le systéme juridique. Paris: Sirey, 1986.

PRIGOGINE, Ilya. **As leis do caos**. Trad. Roberto Leal Ferreira. São Paulo: UNESP, 2002.

_____. **Introduction to thermodynamics of irreversible processes**. 2. ed. Nova Iorque: Wiley & Sons, 1961.

REALE, Miguel. **Lições preliminares de Direito**. 27. ed. ajustada ao novo código civil. São Paulo: Saraiva, 2002.

ROSS, Alf. **Direito e Justiça.** Trad. Edson Bini. Revisão técnica Alysson Leandro Mascaro. Bauru, SP: EDIPRO, 2000.

RUSSO, Eduardo Ángel. **Teoria General del Derecho en la Modernidad y en la Posmodernidad**. Buenos Aires: Abeledo-Perrot, 1996.

TELLES JÚNIOR, Goffredo. **Iniciação na Ciência do Direito.** 2. ed. São Paulo: Saraiva, 2002.

THEODORO JÚNIOR, Humberto. A onda reformista do direito positivo e suas implicações com o princípio da segurança jurídica. **Revista da Escola da Magistratura do Estado do Rio de Janeiro**, Rio de Janeiro, v. 9, n. 35, 2006. Disponível em: < http://www.emerj.tjrj.jus.br/revistaemerj_online/edicoes/revist a35/revista35_15.pdf>. Acesso em: 31 ago. 2015.

VASQUES, Leandro. **Inflação legislativa**. Disponível em <http://leandrovasques.com.br/artigosid.asp?id=98>. Acesso em: 31 ago. 2015.

WALD, Arnold. A Estabilidade do Direito e o Custo Brasil. **Revista Jurídica Virtual**, Brasília, n. 6, outubro/novembro 1999. Disponível em <http://www.planalto.gov.br/ccivil_03/revista/Rev_06/Estabili dade_direito.htm>. Acesso em: 31 ago. 2015.

WIENER, Norbert. **Cybernetics:** or Control and Communication in the Animal and the Machine. 2. ed. Cambridge: MIT Press, 1965.

_____. **The human use of human beings:** cybernetics and society. Boston: Da Capo Press, 1954.

Constituição Política do Império do Brazil de 1824. Disponível em <http://www.planalto.gov.br/ccivil_03/Constituicao/Constituic ao24.htm>. Acesso em: 31 ago. 2015.

Constituição da República Federativa do Brasil de 1988. Disponível em <http://www.planalto.gov.br/ccivil_03/Constituicao/Constituic ao.htm>. Acesso em: 31 ago. 2015.